JN081868

世界一ラクチンなのに超美味しい！

魔法の
てぬきごはん

てぬき料理研究家

てぬキッチン

ワニブックス

はじめに

料理大好き！　でも面倒なことが大嫌い！
こんにちは。てぬき料理研究家の「てぬキッチン」です。
"できるだけ手を抜いて、少ない材料で、
誰でも失敗せずに美味しく作れるレシピ" をコンセプトに
YouTubeで料理やお菓子作りを発信しています。

2020年2月に初めての著書『魔法のてぬきおやつ』を出版させていただき、
今回ありがたいことにその続編として
ごはん編を出版させていただくことになりました！

おやつに続きごはんも、私のレシピは**ズボラ満載、てぬき満載！**
面倒な工程を「えい！　やめちゃえ！」と省いたり、
「これはこうしたほうがラクじゃない？」とアレンジしたり、
とにかくラクをすることばかり考えてレシピ開発をしています。

「なくてもいけるのでは？」と思った工程は一度すべて省いて試作をしますが、
もちろん、味に納得がいかないときは、
再度必要な工程を取り入れて試作を重ねます。
省ける工程は徹底的に省き、美味しくするために必要な工程を
検証して取り入れながら**「味は絶対美味しいけれど世界一簡単！」**という
レシピを目指しています。
てぬき料理ばかり作っている私ですが、作っていただいた方に
「美味しいと思ってもらいたい!!」という気持ちは誰よりも強く、
「美味しかった」というお言葉をいただくことが何より一番幸せなんです。

この本ではYouTubeで反響の大きかったレシピを中心に、

より美味しく簡単に作れるよう、適宜アレンジしてご紹介しています。

美味しさを最大限に高めつつ、ギリギリまで面倒なことを省いたので、

世界一ラクチンなのに超美味しいレシピ本になっていると思います!!

私のように面倒なことが大嫌いという方や

日々忙しくて時間がない方、

少しでもラクをして美味しいものが食べたいという方、

そんなみなさまに

お家で"てぬキッチン"していただけるとうれしいです!!

あ、レシピは超てぬきですが、

レシピ開発はてぬきしていませんよ！笑

てぬキッチン

＼絶対作りたい！／
人気ごはん BEST 7

YouTubeで反響の大きかったレシピを一挙にご紹介！
どれも全力でオススメできるレシピばかりですので、ぜひお試しください。

第1位 最高にサックサク！ オニオンリング ➡P.46

某ファストフード店に行くと必ず食べたくなるオニオンリング！ 衣がサックサクで、ジャンキーな味わいがたまらなくクセになるんですよね。「あの味が、いやあの味を超える美味しさのオニオンリングがいつでもお家で食べられる！」とリピート率のかなり高い大人気レシピです。味の決め手はどのご家庭にもだいたい常備してあるコンソメ。しかも少量の油で、揚げ焼きで作れるのもうれしい！

第2位 無限にいける！ オイマヨ大根 ➡P.26

オイスターソースとマヨネーズの最強タッグ！ この2つの調味料が組み合わさると大根が無限に食べられる絶品メニューができあがります。「大根」という華やかさに欠ける野菜ですが、オイスターソースのコクとマヨネーズの旨み……美味しさの相乗効果で、人気ランキング第2位に堂々ランクイン♪ 大根が安かったり、余っていたりするときはぜひ試してみてください！

第3位 たまごサンド ➡P.106

たまごサンドといえば、みんな大好きなサンドイッチの定番。通常なら、ゆで卵を作って、殻をむいて……という工程が必要ですが、いやいや、私、てぬキッチンはゆで卵は作りません!! てぬキッチン流の時短テクで、卵はレンチン！ これなら超簡単なので食べたいときにいつでも作れます。「これを知ったら普通のたまごサンドには戻れない！」と、多くの方にお試しいただいたイチオシてぬきレシピです♪

第4位 ほっと温まる！ チーズたまご湯豆腐 ➡P.110

地味なのに大人気の夜食メニュー。その名の通り、チーズと卵と豆腐を使っているので、低糖質でダイエットの味方です。塩昆布とめんつゆで和のテイストなので、体と心にほっこりと染みわたります。地味だけど、不思議と何度も食べたくなる安定感のある美味しさ。夜食だけでなく、夕食の一品にも、朝ごはんにもオススメです。レンジでたった3分！　あっという間に作れて美味しくてヘルシーなので、冷蔵庫に材料があったら即試してみてください♪

第5位 厚揚げ卵マヨ ➡P.32

こちらも最強の低糖質メニュー！　これがまた美味しいんです。厚揚げでボリュームもあるので満足感もあって、もちろんめちゃくちゃ簡単。『天空の城ラピュタ』のラピュタパンってご存知ですか？　食パンに目玉焼きをのせたあの人気レシピを低糖質にしたいという思いから生まれたレシピ！　これなら罪悪感ゼロ。お酒に合わせても最高です!!

第6位 みんなに作ってほしい！ フライドもやし ➡P.56

コスパ抜群食材の王様「もやし」。もやしって実は、じっくり揚げるとカリカリサクサクで最高のおつまみになるんです。揚げたてを1つだけと味見したらもう最後！　次から次へと手が止まらなくなります。「何日も続けて作りました」というコメントや「完全にハマった」というお声もたくさんいただきました。ぜひ帰りにもやしとビールを買って今夜早速お試しください♪　意外すぎる美味しさにマジで驚くと思います！

第7位 ちくわとじゃがいもの海苔塩かき揚げ ➡P.52

私の好きな「ちくわの磯辺揚げ」と「のり塩ポテト」、この2つを掛け合わせたら絶対美味しい!!!　好きなものを同時に食べたいという食いしん坊精神から生まれたこのレシピ。サクサクの食感とふんわり香る青のりの風味が想像通りめちゃくちゃ美味しくて即定番入り♪　ボリュームもあって食べごたえがあるのに、なおかつコスパがよく、老若男女に人気のレシピです。

これさえあれば、ほぼOK！

基本の調味料

本書のレシピはどれも簡単なので、普段おうちにある調味料でほぼ作れます。
ここでは私が特によく使っているものをご紹介。
お好みのものを使っていただいても、もちろんOKです！

おなじみの調味料

後列左から、マヨネーズ、
ケチャップ、醤油、ブラックペッパー、みりん、
酢、酒、ウスターソース。
前列左から、塩、砂糖。

一般的な調味料。おうちにあるものやお好きなものを使ってください♪

油

左から、ごま油、オリーブオイル、
バター、サラダ油。

油は、必ずしもレシピの通りでなくてもOK。ごま油をオリーブオイルにするなど、気分で代えてみると新鮮な美味しさになることも！

あると便利！ てぬき調味料

後列左から、しょうがチューブ、
にんにくチューブ、オイスターソース、豆板醤、焼肉のタレ、
めんつゆ（4倍濃縮）、粉チーズ、
顆粒コンソメ、ラー油。
前列左から、鶏ガラスープの素、
塩昆布。

こちらはてぬきの救世主的な調味料！
たとえば、焼肉のタレやめんつゆは商品によって味わいが異なるので、ときどき違う種類のものを使ってみるのもオススメです。2種類ブレンドしてみても楽しいですよ♪

もう面倒くさいことはやりません!

てぬきアイデア10

ラクしてごはんを作りたい人、注目!
本書のレシピではもちろん、普段から私が心がけているてぬきアイデアをご紹介します。

IDEA 1

主な材料は5つまで!

材料が多いと揃えるのも手間ですし、洗ったり、切ったりという下ごしらえだけでも時間がかかってしまいますよね。そこで、本書のレシピは調味料以外の主な材料は最大で5つまで! なるべくおうちによくある材料を使っています。

IDEA 2

炒め物も煮物も
蒸し物もレンジ!

電子レンジにお任せすれば、その間に他の作業ができて時短。蒸し物や煮物、炒め物まで、できる限り電子レンジで作るのがてぬキッチン流です!

IDEA 3

小分けにしないで、
丸ごと焼いちゃう!

たとえばつくねなど、小さく成形してから焼くとそれだけで手間も時間もかかってしまいます。ドーンと大きく作って丸ごと焼けば、成形するときも裏返すときもラクチンです!

IDEA 4

揚げ物は
フライパンで!

後片付けが大変だから、揚げ物をあまり作らないという声をよく聞きますが、フライパンで、少量の油で揚げ焼きすれば簡単! 本書のレシピ通りに作れば、味もバッチリです!

IDEA 5

ポリ袋で
洗い物削減!

ボウルに入れて混ぜると洗い物が増えてしまうので、てぬキッチンのレシピでは、ポリ袋をよく使います。袋の外から手で揉んで混ぜられるので、材料もよくなじんで一石二鳥です!

IDEA 6

切るときはキッチンバサミ、
スライサー、手も活用!

食材を切るときになるべくキッチンバサミやスライサーを活用することで、包丁やまな板を洗って片付ける手間を短縮! 葉物野菜などは手でちぎることで、さらにラクしちゃいます♪

IDEA 7

麺を茹でるのはレンジ!

パスタやうどんを茹でるとき、重い鍋でお湯を沸かしたり、片付けたりするのはけっこう大変。鍋を使わず、茹でる工程から味付けまで、すべて電子レンジで作っちゃえば簡単です!

IDEA 8

餃子もシュウマイ
も包まない!

餃子やシュウマイを作るときに一番面倒なのが包む作業。でも、細切りにしたシュウマイの皮を肉だねにつけたり、フライパンで大きな餃子にしたり、包まないレシピなら作る気になるはず!

IDEA 9

油抜きは
レンジで!

油揚げや厚揚げの油抜きは、レンジでてぬき(P.31工程1参照)。それも面倒な場合、水道のお湯で洗ってキッチンペーパーで拭く、もしくはキッチンペーパーで拭くだけでもOK!

IDEA 10

食べるお皿で
レンチン!

電子レンジで加熱するときは、食べるときに使うお皿で作ると時短に。本書でも、CHAPTER 10の夜食はお皿で作るレシピになっています。CHAPTER 1、2、7、8などは耐熱ボウルを使って紹介していますが、もちろん耐熱皿でお皿ごとレンチンしてもOKです!

CONTENTS

CHAPTER 1

レンジだけ！　メインのおかず

CHAPTER 2

レンジだけ！　サブのおかず

CHAPTER 3

ポリ袋で混ぜて焼くだけ

CHAPTER 4

フライパンで揚げ焼き

CHAPTER 5

世界一簡単なあの人気ごはん

レシピを作る前に

レシピ名

**めっちゃジューシー!
ひとくちとんかつ**

豚こまで作るひとくちサイズのとんかつ。
しっかり下味をつけるので、ソースなしで美味!

材料 2人分

豚こま切れ肉…200g	パン粉…適量
マヨネーズ…大さじ1	サラダ油…大さじ2
ウスターソース…大さじ1	

1
豚こま肉にマヨネーズとウスターソースを加え、全体になじむように混ぜる。

2
くるくると端から巻き、真ん中をぎゅっと押して平らなひと口大に成形する。

3
パン粉をぎゅっと押しつけるようにして全体にまぶす。

4
フライパンにサラダ油をひいて弱中火で熱し、3を入れて片面がカリッとするまで2〜3分焼く。

POINT パン粉が取れてしまうため、カリッとするまで触らない。

5
パン粉が取れないように優しく裏返し、反対側の面もカリッとするまで2〜3分焼く。

MEMO
豚肉にマヨネーズとウスターソースをなじませてから作ることで、即席の衣にもなり味付けにもなって一石二鳥!

64

材料

本書に掲載するレシピは、調味料以外の主な材料が最大で5つまで! 巻末の食材別INDEXを使えば、余っているものなど、使いたい食材からレシピを選ぶことができます。

プロセス

すべての工程に写真がついているので、見ながら作れます。

POINT

各工程で注意するポイントを記載。

MEMO 調理のコツやアレンジ方法、美味しい食べ方などが書かれています。

● 材料の表記は1カップ=200cc（200ml）、大さじ1=15cc（15ml）、小さじ1=5cc（5ml）です。
● レシピには目安となる分量や調理時間を表記していますが、
食材や調理器具によって個体差がありますので、様子を見ながら加減してください。
● 電子レンジの加熱時間は600Wのものを使用した場合の目安です。
500Wの場合は、1.2倍を目安に様子を見ながら加熱時間を加減してください。
● トースターは1300W・200℃のものを使用した場合の目安です。温度設定のできない
トースターや、機種ごとの個体差もありますので、様子を見ながら加減してください。
● 炊飯器は5合炊きのものを使用し、普通炊飯をした場合の目安です。
機種によっては本書のレシピ作りに適さない場合もあります。
● 火加減は、特に指定のない場合は、中火で調理しています。
● 「野菜を洗う」「皮をむく」「へたを取る」などの基本的な下ごしらえは省略しています。

CHAPTER 1

レンジだけ！
メインの
おかず

テーブルの主役になるメイン料理が
電子レンジで簡単に作れちゃいます！
肉豆腐、鶏チャーシュー、豚バラ白菜など、
ボリュームがあってごはんにも合うものばかり。
てぬきだけれど、てぬき感なしの大満足レシピです♪

ごはんがすすむ！
ピリ辛肉豆腐

ボリューム満点で、大満足間違いなし！
ブラックペッパーと温泉卵をトッピングするのもオススメです。

材料 1～2人分

木綿豆腐…300g
豚バラ肉（薄切り）…150g
焼肉のタレ…大さじ2

めんつゆ（4倍濃縮）…大さじ2
豆板醤…小さじ1/2～1
小ねぎ（小口切り）…適量

1

耐熱ボウルに豆腐を適当な大きさにちぎって入れる。

POINT 豆腐はパックから出して水を捨てる。水切りは不要。

2

豚肉をキッチンバサミで食べやすい大きさに切り、1の上に重ならないように広げる。

POINT 豚肉が重なっていると火が通るのに時間がかかってしまうので、全体に広げる。

3

焼肉のタレとめんつゆを全体に回しかけ、豆板醤をのせたら、ふんわりとラップをして電子レンジで7～8分加熱する。

POINT レンジ加熱後、豚肉に火が通っていなかったら様子を見ながら追加で加熱する。

4

豆板醤を溶かしながら全体を混ぜ、小ねぎをふる。

POINT 豆板醤は好みで増量して。

MEMO

絹豆腐は木綿豆腐よりも水分が多く、味が薄くなってしまうので、木綿豆腐がオススメ。また、木綿豆腐でも水分量で多少味が変わるので、焼肉のタレとめんつゆの量はお好みで調整してください。

レンジでやわらかよだれ鶏

ねぎが香る絶品タレがクセになる！
レンジ調理ではかたくなりがちな鶏むね肉も、このレシピならやわらかく仕上がります。

材料 1~2人分

鶏むね肉…1枚　〈タレ〉長ねぎ…1/2本

A
酒…大さじ1
砂糖…小さじ1
片栗粉…小さじ1

B
砂糖・醤油・オイスターソース・酢・ごま油…各大さじ1
鶏ガラスープの素…小さじ1/4
にんにくチューブ・しょうがチューブ…各3cm

1

冷蔵庫から出した鶏肉は繊維を断つように厚さ8mmくらいの薄めの削ぎ切りにする。

2

耐熱ボウルに**1**を入れて**A**を加え、鶏肉全体にフォークでたくさん穴を開けながら混ぜる。

POINT　鶏肉の温度を常温に近づけるため、工程**3**でタレを作っている間はそのまま置いておく。

3

長ねぎをみじん切りにし、**B**と合わせる。

4

2にふんわりとラップをして電子レンジで4分加熱し、そのまま5分ほど置いて余熱で中まで火を通す。

POINT　加熱しすぎるとかたくなるため、余熱で火を通す。それでも火が通りきらないときは追加加熱を。

5

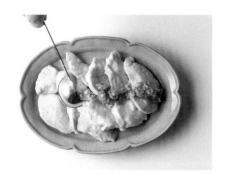

皿に盛り、**3**をかける。

MEMO

3で作ったねぎダレは、豆腐にかけても美味しいのでオススメ。冷奴や湯豆腐で試してみてください♪

しっとりジューシー！
鶏チャーシュー

そのままでももちろん、一味やマヨネーズを添えても！
工程6でゆで卵を一緒に漬けるのもオススメです。

材料 1〜2人分

鶏もも肉…1枚
塩・ブラックペッパー…各少々

A
醤油…大さじ3
みりん…大さじ3
砂糖…大さじ1
ごま油…小さじ1
にんにくチューブ・しょうがチューブ…各3cm

1

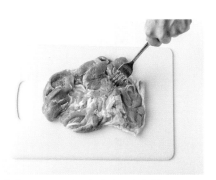

鶏肉全体にフォークでたくさん穴を開ける。

2

塩とブラックペッパーを全体にふって軽く揉み込む。皮目を下にして置き、端からきつめに巻いて、つまようじ2本で留める。

3

耐熱ボウルにAを入れて混ぜる。2を入れ、ふんわりとラップをして電子レンジで3分30秒加熱する。

4

裏返してふんわりとラップをし、再度電子レンジで3分30秒ほど加熱する。

5

そのまま置いて粗熱を取る。
POINT 鶏肉の大きさによって火の通る時間が異なるため、余熱で火が通りきらないときは様子を見ながら追加で加熱する。

6

鶏肉を取り出して食べやすい厚さに切り分け、漬け汁に戻して味を染み込ませる。
POINT 切ってから漬けることで時短に。味が足りないようならタレを絡めながら食べる。

包丁いらず!
麻婆もやし

お手頃価格のもやしがガッツリおかずに!
包丁もまな板もいらないスピードメニューです。

材料 1〜2人分

豚ひき肉…100g
もやし…200g
水溶き片栗粉
　(片栗粉と水を大さじ1ずつ溶く)
　…大さじ2

A
醤油…大さじ1
みりん…大さじ1
オイスターソース…大さじ1
ごま油…大さじ1/2
鶏ガラスープの素…小さじ2/3

豆板醤…小さじ1/2〜1
にんにくチューブ・
　しょうがチューブ…各3cm
水…140cc

1

耐熱ボウルにひき肉とAを入れ、練らずにさっくりと混ぜる。

2

もやしをのせてふんわりとラップをし、電子レンジで7分ほど加熱する。

3

全体を混ぜながら少しずつ水溶き片栗粉を入れる。

4

ラップをせずに電子レンジで1分ほど加熱して再度よく混ぜる。

MEMO
———
味にパンチがほしい場合は豆板醤を多めにしてください。完成後にたっぷり追い豆板醤をしても美味しい!

もう包まない！
レンジシュウマイ

蒸し器がなくてもできる簡単シュウマイ！
お好みでからしなどを添えて召し上がれ。

材料 1〜2人分

シュウマイの皮…20枚
玉ねぎ…1/2個
豚ひき肉…200g
キャベツなどの葉野菜…2〜3枚

A
- 片栗粉…大さじ2
- 砂糖…大さじ1/2
- 醤油…大さじ1
- ごま油…大さじ1
- 鶏ガラスープの素…小さじ1
- しょうがチューブ…5cm

1

シュウマイの皮は2〜3mm幅の細切りに、玉ねぎはみじん切りにする。

2

ポリ袋に1の玉ねぎ、ひき肉、Aを入れ、よく揉んで混ぜる。

3

2を一口大に丸め、1のシュウマイの皮をつける。

4

耐熱皿に葉野菜を適当な大きさにちぎって敷き、その上に3を並べる。

5

水大さじ2（分量外）を全体に回しかけ、ふんわりとラップをして電子レンジで6分30秒〜7分加熱する。

POINT ひき肉に火が通っていなかったら様子を見ながら追加で加熱する。

MEMO

シュウマイの皮を細切りにすることで、包まなくていいからめっちゃラク！ おまけに見た目も華やかに！

おかわり必至!
豚バラ白菜

肉の旨みがとろとろの白菜に染み込んで美味!
忙しい日でも作れる大満足のメニューです。

材料 1~2人分

白菜…200g
豚バラ肉(薄切り)…100g
ブラックペッパー…適量
ラー油…適量

A [鶏ガラスープの素…小さじ1
めんつゆ(4倍濃縮)…小さじ1
ごま油…小さじ1]

1

耐熱ボウルに白菜を食べやすい大きさにちぎって入れる。

POINT 芯の部分は火が通りにくいので小さめにちぎる。

2

豚肉をキッチンバサミで食べやすい大きさに切り、**1**の上に重ならないように広げる。

3

Aを全体に回しかけ、ふんわりとラップをして電子レンジで7分ほど加熱する。

POINT 豚肉に火が通っていなかったら様子を見ながら追加で加熱する。

4

味が均一になるようにしっかり混ぜ、ブラックペッパーとラー油をかける。

21

とろ〜り美味しい!
ベーコンと白菜のクリーム煮

手間のかかりそうなクリーム煮もレンジならあっという間!
仕上げに粉チーズを入れることでコク&旨みがアップします。

材料 1〜2人分

ハーフベーコン…4枚	牛乳…180cc
白菜…150g	バター…8g
薄力粉…大さじ1	粉チーズ…大さじ1
顆粒コンソメ…小さじ2/3	塩・ブラックペッパー…各適量

1

耐熱ボウルにベーコンをキッチンバサミで1cm
幅に切って入れる。

POINT しっかり混ぜられるよう、深めの容器を使う。

2

白菜を食べやすい大きさにちぎって1に加える。

POINT 芯の部分は火が通りにくいので小さめにち
ぎる。

3

薄力粉とコンソメをふりかけ、均一になるよう
に全体を混ぜる。

4

牛乳とバターを入れ、ふんわりとラップをして
電子レンジで3分加熱する。

5

一度取り出してよく混ぜ、再度ふんわりとラッ
プをして電子レンジで3分ほど加熱する。

POINT 使う器やレンジによってとろみ加減に多少
差が出るので、好みのバランスを見つけて。

6

粉チーズを入れて混ぜ、塩とブラックペッパー
で味を調える。

コク旨♪ バター豚じゃが

味がしみしみ＆ホクホク食感のじゃがいもが最高。
リッチなバターの風味がいい仕事してます！

材料 1〜2人分

じゃがいも…2個
玉ねぎ…1/2個
豚バラ肉（薄切り）…150g
バター…8g

A
みりん…大さじ2
めんつゆ(4倍濃縮)…大さじ3
水…大さじ1

1

じゃがいもは2cm角に、玉ねぎは薄切りに、豚肉は食べやすい大きさに切る。

2

耐熱ボウルに1のじゃがいも、玉ねぎの順に入れ、その上に豚肉を重ならないように広げる。

3

Aを全体に回しかけ、ふんわりとラップをして電子レンジで11〜12分加熱する。

POINT　加熱後、じゃがいもがまだかたいようなら追加で加熱する。

4

バターを入れて全体を混ぜる。

POINT　できたてより、一度冷ますと味が染みて美味しい。

CHAPTER 2

レンジだけ！
サブの
おかず

サブ的なおかずだって電子レンジにお任せあれ！
何か一品足りないとき、箸休めがほしいとき、
大根やキャベツが余っているときなど、
サッと作れてテーブルをにぎやかにしてくれます。
どんな料理とも相性のいいお助けメニューたちです♪

無限にいける！
オイマヨ大根

冷蔵庫に大根があればすぐ作れる！
オイマヨソースがクセになる美味しさです。

材料 1〜2人分

大根…300g(6cmほど)	┌ オイスターソース…大さじ1
塩…小さじ1/3	A マヨネーズ…大さじ2
卵…2個	└ ブラックペッパー…適量

1 大根を千切りにして塩をふって全体になじませ、10分ほど置く。

2 耐熱容器に卵を入れ、つまようじでそれぞれの黄身に2か所ほど穴を開け、ラップをして電子レンジで2分ほど加熱する。

POINT　穴を開けてもまれに破裂するため、途中で何度か扉を開けて再加熱を繰り返すと安心。

3 卵をフォークで細かくする。

4 **1**の大根の水気をしっかり絞り、**A**、**3**と混ぜ合わせる。

やみつき!
ガリバタキャベツ

キャベツがモリモリ食べられるレシピ。
そのまま食卓に出せるお皿で作れば洗い物も少なくてラクチンです♪

材料 1〜2人分

キャベツ…200g
ブラックペッパー…少々
一味唐辛子…適宜

A
┌ 醤油…大さじ2/3
│ 鶏ガラスープの素…小さじ1/3
│ にんにくチューブ…2cm
└ バター…8g

1

耐熱ボウルにキャベツを食べやすい大きさにちぎって入れ、Aを加える。

2

ふんわりとラップをして電子レンジで4分ほど加熱する。

3

ブラックペッパーと好みで一味をふり、全体を混ぜ合わせる。

MEMO

できあがりにピザ用チーズをお好みの量のせて、溶けるまでレンジで加熱! 低糖質なのに超美味しいおつまみ「ガリバタチーズキャベツ」が完成♪

カレー風味の
マカロニサラダ

茹でるのもレンジでてぬき！
シャキシャキのきゅうりと玉ねぎがアクセントです。

材料 1〜2人分

マカロニ(3分茹でタイプ)…60g
ハム…2枚
玉ねぎ…10g
きゅうり…1/2本

A ┌ マヨネーズ …大さじ2〜3
  │ カレー粉…小さじ1〜2
  └ ブラックペッパー…少々

1

耐熱ボウルにマカロニとしっかり浸る量の水（分量外）を入れ、ラップをせずに電子レンジで3分加熱して軽く混ぜ、さらに3〜4分加熱する。

2

マカロニがやわらかくなったらザルにあげて水気を切り、冷水で洗ってぬめりを取りながら冷ます。

3

ボウルに **2** を入れ、ハムをキッチンバサミで適当な大きさに切って加え、玉ねぎときゅうりをスライサーでスライスして加える。

4

食べる直前に **A** を加え、全体を混ぜ合わせる。
POINT マヨネーズとカレー粉の量は好みで調整を。

世界一簡単な
ポテトサラダ

ベーコン入りで食べごたえあり！
お好みできゅうりやコーンをプラスしても。

材料 1〜2人分

じゃがいも…2個
玉ねぎ…1/4個
ハーフベーコン…3枚

A
┌ 顆粒コンソメ…小さじ1/2 ┐
└ バター…5g ┘

B
┌ マヨネーズ…大さじ2〜3 ┐
└ ブラックペッパー…少々 ┘

1

じゃがいもは角切りに、玉ねぎは薄切りに、
ハーフベーコンは食べやすい大きさに切る。

2

耐熱ボウルにじゃがいもを入れ、その上に
玉ねぎとベーコンをのせる。ふんわりとラッ
プをしてじゃがいもがやわらかくなるま
で、電子レンジで7〜8分加熱する。

3

熱いうちに**A**を入れて、じゃがいもをフォ
ークでつぶしながら全体を混ぜる。

4

冷めたら、食べる直前に**B**を加えて混ぜる。
POINT マヨネーズの量は好みで調整を。

29

ふるふる食感の 茶碗蒸し

レンジで作ったとは思えないなめらかさ！
めんつゆを白だしにすると料亭風の味に♪

材料 1個分

鶏ひき肉…大さじ1　　めんつゆ(4倍濃縮)…大さじ2/3〜1
卵…1個　　　　　　　三つ葉…適宜
水…150cc

1

小さめの耐熱容器にひき肉を入れる。

2

卵と水とめんつゆを混ぜ、茶こしなどで漉して1に注ぐ。

3

ふんわりとラップをして、200Wの電子レンジで卵液の固まり具合を見ながら7〜9分加熱し、三つ葉をトッピングする。

MEMO

2個同時に作る場合は、200Wの電子レンジで25分ほど加熱してください。レンジによって火の通りが異なるので、様子を見て調整してくださいね。

5分でできる!
なんちゃって
揚げ出し豆腐

面倒な工程はいっさいなし!
簡単で激ウマな、なんちゃって揚げ出し豆腐です。

材料 厚揚げ1枚分

厚揚げ(絹)…1枚(150g)
めんつゆ(4倍濃縮)…大さじ1/2～1
大根(すりおろす)…適量

鰹節…適量
小ねぎ(小口切り)…適量

1

小さめの耐熱容器に厚揚げとかぶる量の水
(分量外)を入れ、電子レンジで2～3分加
熱し、キッチンペーパーでおさえる。

2

耐熱容器に1の厚揚げを入れ、めんつゆを
回しかける。

3

ラップをせずに電子レンジで1分(1で油
抜きしなかった場合は2分)ほど加熱し、
大根、鰹節、小ねぎをのせる。

POINT 大根おろしなどのトッピングの分量に
よって味わいが変わるため、めんつゆの量は
好みで調整を。

MEMO

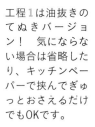

工程1は油抜きの
てぬきバージョ
ン! 気にならな
い場合は省略した
り、キッチンペー
パーで挟んでぎゅ
っとおさえるだけ
でもOKです。

使用しているのは
コレ!

中がもっちりなめらか食
感でお気に入り。お好み
の絹厚揚げを使っていた
だいてもOKです!
カリッと焼ける絹厚揚げ
タカノフーズ

31

お手軽！厚揚げレシピ

厚揚げ卵マヨ

シンプルなのにメイン級の美味しさ！
くり抜いた部分は一緒に焼いてもOK。

材料 厚揚げ1枚分

厚揚げ(絹)…1枚(150g)　　卵…1個
マヨネーズ…適量　　塩・ブラックペッパー…各少々

1 小さめの耐熱容器に厚揚げとかぶる量の水（分量外）を入れ、ラップをせずに電子レンジで2〜3分加熱し、キッチンペーパーでおさえる。

2 アルミホイルの上に厚揚げをのせ、真ん中をくり抜く。
POINT 包丁で切れ目を入れてスプーンでくり抜くとやりやすい。

3 マヨネーズでくり抜いた部分のまわりを囲み、くぼみに卵を割り入れる。

4 トースターで10分ほど焼いたら、卵に塩をふり、全体にブラックペッパーをふる。
POINT 卵が好みのかたさになるよう加熱時間は調整する。

YouTubeでも人気の厚揚げレシピの中から、特に反響が多かったものをご紹介！
工程1の油抜きは気にならない場合は省略してもOKです。

厚揚げマヨ
てりたま

ボリューム満点でコスパもよし！
みんなが大好きなてりマヨ味です。

材料 厚揚げ1枚分

厚揚げ(絹)…1枚(150g)
片栗粉…大さじ1/2
卵…1個

A ［ 醤油…大さじ1/2
みりん…大さじ2
マヨネーズ…大さじ1 ］
ブラックペッパー…適量

小さめの耐熱容器に厚揚げとかぶる量の水（分量外）を入れ、ラップをせずに電子レンジで2〜3分加熱し、キッチンペーパーでおさえる。

厚揚げ全体に片栗粉をまぶす。

フライパンにサラダ油少々（分量外）をひいて弱中火で熱し、目玉焼きを作る。好みのかたさで取り出しておく。

3のフライパンにサラダ油小さじ1（分量外）をひいて中火で熱し、**2**を両面こんがりとするまで4〜5分焼く。

一旦火を止めて手前に**A**を入れる。再度中火で熱し、厚揚げ全体に絡めながら軽く煮詰める。

POINT カロリーハーフのマヨネーズは溶けないので普通のものを使う。

器に盛って**3**の目玉焼きを上にのせ、ブラックペッパーをふる。

バタポン厚揚げ

レンジでチンしてすぐできる一品！
少量の砂糖が美味しさの秘訣です。

1 小さめの耐熱容器に厚揚げとかぶる量の水（分量外）を入れ、ラップをせずに電子レンジで2〜3分加熱し、キッチンペーパーでおさえる。

2 厚揚げの上に、均一に砂糖をふる。

3 ポン酢を全体に回しかけ、バターをのせてラップをせずに電子レンジで2分ほど加熱する。

4 調味料を混ぜ合わせながら厚揚げ全体に絡め、小ねぎをトッピングする。

材料 厚揚げ1枚分

厚揚げ（絹）…1枚(150g)
砂糖…小さじ1/2
ポン酢…大さじ1½
バター…5g
小ねぎ（小口切り）…適量

オイマヨチーズ厚揚げ

オイスター・マヨ・チーズはやみつきレベル高め！ お好みでラー油をかけて。

1 小さめの耐熱容器に厚揚げとかぶる量の水（分量外）を入れ、ラップをせずに電子レンジで2〜3分加熱し、キッチンペーパーでおさえる。

2 厚揚げの上にオイスターソースとマヨネーズをかけ、混ぜながら全体に塗る。

3 ピザ用チーズをのせ、ラップをせずに電子レンジで2分ほど加熱し、小ねぎをトッピングする。
POINT チーズは好みで増量する。

材料 厚揚げ1枚分

厚揚げ（絹）…1枚(150g)
オイスターソース…大さじ1/2
マヨネーズ…大さじ1/2
ピザ用チーズ…ひとつかみ
小ねぎ（小口切り）…適量

MEMO

バタポン厚揚げもオイマヨチーズ厚揚げも、気にならなければ**1**の油抜きは省略してもOK。その場合は、工程**3**の加熱時間を30秒〜1分追加してください。

CHAPTER 3

ポリ袋で
混ぜて
焼くだけ

チヂミやつくね、餃子など
みんなが大好きな大皿料理もあっという間！
ポリ袋やボウルの中で材料を混ぜたら、
フライパンにまるっと入れて焼くだけなので、
時間がないときでもすぐに作れます。

ビッグな
もちもち大根餅

大根をすりおろしたら、あとは簡単！
モチモチ食感がたまりません♪

材料 2〜3人分

大根…450g(1/2本ほど)		小麦粉…大さじ3	〈タレ〉
ハーフベーコン…5枚	A	片栗粉…大さじ3	醤油…大さじ1
		鶏ガラスープの素…小さじ2	酢…大さじ1/2
		ごま油…大さじ1	ラー油…好みで

1

ポリ袋に大根をすりおろし、水気を軽く切る。

POINT 大根は280gほどになるよう水切りするのが目安。好みで調整を。

2

ベーコンをキッチンバサミで細かく切り、1に入れる。

3

Aを加えて揉み混ぜる。

4

フライパンにごま油をひいて中火で熱し、生地を全部入れて丸く平らに整え3〜4分焼く。

POINT 生地を入れるときに熱ければ、一旦火を消して入れる。

5

焼き色がついたらフライ返しで裏返し、弱中火にして5〜7分焼く。

POINT 返しにくい場合は、皿にスライドさせてフライパンをかぶせて裏返す。

6

タレの材料を合わせる。

外はカリッ！
中はもちっ！
ビッグな
もやしチヂミ

コスパよし！ 味よし！
ごま油多めで焼くとカリッと香ばしい
仕上がりになります。

材料 2〜3人分

ニラ…50g
ハーフベーコン…4枚

A
もやし…100g
卵…1個
小麦粉…大さじ3
片栗粉…大さじ3
鶏ガラスープの素…大さじ1弱

ごま油…大さじ1

〈タレ〉
醤油…大さじ1
砂糖・酢…各大さじ1/2
白いりごま・ごま油…各小さじ1

ポリ袋に、ニラは3cm幅、ベーコンは1cm幅にキッチンバサミで切って入れる。

1にAを加え、全体が均一になるように揉み混ぜる。

フライパンにごま油を入れて中火で熱し、2を入れて形を整えながら2〜3分焼く。

POINT 生地を入れるときに熱ければ、一旦火を消して入れる。

カリッとしたらフライ返しで裏返し、反対側の面もカリッとするまで3〜5分焼く。

POINT 裏返して油が足りなかったらごま油を少し追加する。

タレの材料をすべて合わせる。

POINT 食べる直前によく混ぜる。

> ### MEMO
>
> チーズやキムチなどを材料に追加しても美味しいです♪

ビッグな
ソースマヨ
キャベツつくね

たっぷりキャベツが美味しいつくね。
ソースとマヨの相性が抜群です!

材料 2〜3人分

キャベツ…150g
サラダ油…大さじ1/2
お好み焼きソース・マヨネーズ・卵黄・
　小ねぎ(小口切り)…各適宜

A
豚ひき肉…200g
卵…1個
片栗粉…大さじ2
鶏ガラスープの素…小さじ2
ブラックペッパー…少々

1

ポリ袋にキャベツをスライサーで
千切りにして入れる。

2

Aを加え、粘りが出るまで揉み混
ぜる。

3

冷たいフライパンにサラダ油をひ
き、2を入れて丸く形を整え、中
火で4〜5分焼く。

4

焼き色がついたらフライ返しで裏
返し、蓋をして弱火で7〜9分焼く。
POINT 返しにくい場合は、皿にス
ライドさせてフライパンをかぶせて
裏返す。

5

皿にスライドさせて盛り、好みで
お好み焼きソースやマヨネーズ、
卵黄、小ねぎをトッピングする。

MEMO

トッピングの量は
お好みで調整して
ください♪

ビッグなヘルシー もやしつくね

もやしのシャキシャキ食感が楽しい！
鶏肉＆もやしのヘルシーな組み合わせで作りました。

材料 2〜3人分

鶏ひき肉…250g
もやし…100g
片栗粉…大さじ2
酒…大さじ1

鶏ガラスープの素…小さじ1
しょうがチューブ…1cm
ブラックペッパー…少々

〈タレ〉
醤油…大さじ2
みりん…大さじ2
砂糖…大さじ1/2

1

ポリ袋にタレ以外の材料をすべて入れ、もやしをポキポキ折りながら揉み混ぜる。

2

冷たいフライパンにごま油大さじ1（分量外）をひき、1を入れて丸く形を整え、中火で3〜4分焼く。

3

焼き色がついたらフライ返しで裏返し、蓋をして弱火で6〜8分焼く。
POINT 返しにくい場合は、皿にスライドさせてフライパンをかぶせて裏返す。

4

一旦火を止め、余分な油をキッチンペーパーで拭き取り、タレの材料を入れる。中火で熱し、軽く煮詰めたら全体に絡める。

ビッグな
まるごと餃子

1個1個包む手間がないから、思い立ったらすぐできる!
カリッと香ばしく焼き上げてください♪

材料 2〜3人分

キャベツ…100g
餃子の皮…13〜15枚
ごま油…大さじ2

A

豚ひき肉…200g
醤油…大さじ1
砂糖…小さじ1
鶏ガラスープの素…小さじ1
にんにくチューブ・しょうがチューブ…各7cm

1

キャベツはみじん切りにする。

2

ポリ袋に1とAを入れ、揉み混ぜる。

3

冷たいフライパンにごま油大さじ1をひき、餃子の皮を少し重ねながら並べる。

4

3の上に2の肉だねを丸く形を整えてのせる。

5

4の上に餃子の皮をのせ、敷いた皮を持ち上げて水少々（分量外）をつけながら肉だねを包む。

6

中火で熱し、1〜2分焼く。

7

パチパチと音がしてきたら水100ccほど（分量外）を餃子全体に回しかけて蓋をし、10〜12分蒸し焼きにする。

8

蓋をとり、ごま油大さじ1を餃子のまわりに回しかけ、1〜2分焼く。フライ返しで裏返し、反対側の面もカリッとするまで3〜4分焼く。

POINT フライ返しを使ってごま油を生地の下にも流し込みカリッとさせる。

9

皿をかぶせ、フライパンをひっくり返して盛る。

MEMO

お好みで醤油＆ラー油で召し上がってください。さっぱり食べたいときは酢＆コショウもオススメです！

ふわふわとろとろ 卵チリ

冷蔵庫に卵しかないときに。
いつもの卵料理に飽きたら、ぜひお試しください♪

材料 1～2人分

卵…3個
ごま油…大さじ1
水溶き片栗粉(片栗粉と水を
　大さじ2/3ずつ溶く)…大さじ1⅓

A
```
ケチャップ…大さじ2½
砂糖…小さじ1½
鶏ガラスープの素…小さじ1/2
豆板醤…小さじ1/2
```

にんにくチューブ・
　しょうがチューブ…各4cm
水…80cc

1

卵を溶く。

2

フライパンにごま油を入れて中火
で熱し、1を入れて大きく混ぜて
ふんわりとした半熟卵を作り、皿
に取り出す。

3

そのままのフライパンにAを入れ、
ひと煮立ちさせる。

4

一旦火を止め、水溶き片栗粉を混
ぜながら少しずつ入れ、再度中火
で熱し、とろみをつける。

5

2の半熟卵を戻し、手早く絡める。

MEMO

辛いのが好きな方は、
豆板醤をお好みで増
量してください。

CHAPTER 4

フライパンで揚げ焼き

揚げ物は片付けが面倒？
てぬキッチン流なら、そんなことはありません！
ここでは、フライパンで作れる揚げ焼きレシピをご紹介。
少ない油でも、サクサク、カリッとした食感で
揚げ物好きも大満足間違いなし！

MEMO

ここでは、基本的に
170℃で揚げています。
衣を落とすと一旦沈ん
ですぐに浮いてくる程
度が目安です。

最高にサックサク！
オニオンリング

おうちにないことも多いベーキングパウダーですが、
これさえ用意していただければ、
お店で食べるようなサックサク感になります！
衣の旨みと玉ねぎの甘味もベストマッチで、
食べ出したら止まらない美味しさです。

材料 2〜3人分

玉ねぎ…2/3個(小ぶりなら1個)	[小麦粉…大さじ6	顆粒コンソメ…小さじ3]
小麦粉(打ち粉用)…大さじ1 A	片栗粉…大さじ6	サラダ油…小さじ2
油…適量	[ベーキングパウダー…10g	牛乳…100cc]

1

玉ねぎを1cm幅の輪切りにして、輪を1つずつはずす。

2

ポリ袋に入れ、打ち粉用の小麦粉を入れてふり混ぜて全体にまぶす。

3

Aをボウルに入れて混ぜ、衣を作る。

POINT　サクサク感が長持ちするよう、衣はかため。

4

フライパンに油を深さ5mmほど入れて170℃に熱し、弱中火にする。2に3の衣をつけて2分ほど揚げ焼きする。

POINT　衣は箸でつけにくい場合は手でつける。衣が取れてしまうため、カリッとするまで触らない。

5

片面が焼けたら裏返し、反対側の面もカリッとするまで2分ほど揚げ焼きする。

MEMO

工程3の衣がかたすぎるときは、少しずつ牛乳を追加して調整を。打ち粉の粉が加わるためつけていくうちにかたくなっていきます。ただし、ゆるくなりすぎるとカリッとしないので注意！

もっちもち
揚げ豆腐もち

材料をガーッと混ぜて揚げ焼きするだけなので超簡単！
外はカリカリ、中はもちもち食感が楽しいレシピです。

材料 2-3人分

絹豆腐…300g　　　鶏ガラスープの素…小さじ2
カニカマ…6本　　　油…適量
片栗粉…大さじ6

1 ボウルに豆腐と割いたカニカマ、片栗粉、鶏ガラスープの素を入れてなめらかになるまでよく混ぜる。

POINT　豆腐はパックから出して水気を捨てる。水切りは不要。

2 フライパンに油を深さ5mmほど入れて170℃に熱し、弱中火にする。スプーンで**1**を入れて4〜5分揚げ焼きする。

POINT　油は、生地の半分がつかるくらいの量に調整する。

3 片面が焼けたら裏返し、4〜5分揚げ焼きする。

4 中まで火が通ったらやや強めの中火にし、両面カリッとするまで揚げ焼きする。

POINT　好みで塩をふる。

MEMO
─

片栗粉の量は絹豆腐の水分量によって変わるので微調整してください。「成形するのが難しい」「少しゆるいかな」と感じるくらいが目安です。

衣がザクザク!
豚こま唐揚げ

豚こま切れ肉で作るので、あっという間に完成!
フライパンに入れたらカリッとするまで
触らないのがコツです。

材料 2人分

A	豚こま切れ肉…200g	片栗粉…大さじ1
	醤油…大さじ1½	塩…少々
	酒…大さじ1	にんにくチューブ・しょうがチューブ…各8cm

片栗粉(まぶす用)…大さじ7〜8
油…適量

1 ポリ袋にAを入れ、全体が均一になるよう揉み混ぜる。

2 豚肉を1枚ずつ取り出して広げ、まぶす用の片栗粉を全体が白っぽくなるまでまぶす。

3 フライパンに油を深さ5mmほど入れて170℃に熱し、弱中火にする。2を入れて2〜3分揚げ焼きする。

POINT 衣が取れてしまうため、カリッとするまで触らない。

4 片面が焼けたら裏返し、反対側の面も2〜3分揚げ焼きする。最後にやや火を強めて両面カリッとするまで揚げ焼きする。

MEMO

完成後、味が足りないと感じたら塩をふって食べるのがオススメです。

衣がザクザク!
鶏の唐揚げ

定番人気の唐揚げも漬け込みなし&揚げ焼きで!
3回に分けて片栗粉を入れるのがポイントです。

材料 2〜3人分

鶏もも肉…1枚
片栗粉…大さじ12
油…適量

A
┌ 醤油…大さじ2
│ 酒…大さじ1
│ 塩…小さじ1/3
└ にんにくチューブ・しょうがチューブ…各10cm

1 ポリ袋にひと口大に切った鶏肉とAと、片栗粉大さじ4を入れ、全体が均一になるよう揉み混ぜる。

2 1に片栗粉大さじ4を加え、軽く空気を入れて、ふりながら揉み混ぜる。

POINT くっつきやすいので、肉同士を離しつつ混ぜて。

3 さらに片栗粉大さじ4を加え、全体が白っぽくなるまで、軽く空気を入れて、ふりながら揉み混ぜる。

POINT 大きすぎるダマは崩し、小さい白いダマの衣を鶏肉にまとわせる。

4 フライパンに油を深さ1cmほど入れて170℃に熱し、弱中火にする。3を入れて3〜4分揚げ焼きする。

POINT 衣が取れてしまうため、カリッとするまで触らない。

5 片面が焼けたら裏返し、反対側の面も3〜4分揚げ焼きする。最後にやや火を強めて両面カリッとするまで揚げ焼きする。

MEMO

工程4で鶏肉にダマになった衣をぎゅっとくっつけながらフライパンに入れると、はがれにくくなります。

51

ちくわとじゃがいもの
海苔塩かき揚げ

青のりの風味がたまらない＆コスパ最強！
ちくわとじゃがいもはできるだけ細く切るとよりサクサクになります。

材料 2人分

ちくわ…2本
じゃがいも…1個

A ［ 小麦粉…大さじ2
　　青のり…大さじ1 ］

B ［ 小麦粉…大さじ2　　塩…小さじ1/4
　　片栗粉…大さじ1　　水…大さじ3 ］

油…適量

1

ちくわとじゃがいもは細切りにする。

2

1をボウルに入れ、Aを加えて混ぜ合わせる。

3

Bを別の容器に入れて混ぜ、衣を作る。

4

2に3の衣を入れて混ぜる。

5

フライパンに油を深さ5mmほど入れて170℃に
熱し、弱中火にする。4を薄めに広げて4〜5分
揚げ焼きする。

POINT　かき揚げが離れてしまうため、カリッとす
るまで触らない。

6

片面が焼けたら裏返し、反対側の面もカリッと
するまで3〜4分揚げ焼きする。

POINT　好みで塩少々（分量外）をふる。

鶏むね肉の
サクサクポテト揚げ

鶏むね肉に細切りじゃがいもの衣をつけて揚げた一品。
ボリューム満点で大人からお子さんまで大好きな味です！

材料 2人分

鶏むね肉…1/2枚（150g）　ブラックペッパー…少々
じゃがいも…大1個　片栗粉…大さじ2
塩…小さじ1/4　油…適量

1

鶏肉は1cm角、3cm長さほどのスティック状にする。じゃがいもは細切りにする。

2

鶏肉に塩とブラックペッパーをまぶし、片栗粉大さじ1をまぶす。じゃがいもに片栗粉大さじ1をまぶす。

3

鶏肉をじゃがいもで包むように、ぎゅっと握ってくっつける。

4

フライパンに油を深さ5mmほど入れて170℃に熱し、弱中火にする。3を入れて3〜4分揚げ焼きする。

POINT　じゃがいもがはがれてしまうため、カリッとするまで触らない。

5

片面が焼けたら裏返し、反対側の面もカリッとするまで3〜4分揚げ焼きする。油を切り、塩少々（分量外）をふって味を調える。

MEMO

ケチャップとウスターソースを2:1で合わせたソースをつけると美味しいです♪

みんなに作ってほしい！
フライドもやし

1袋28円のもやしがまさかの大変身！
「もやしを揚げて美味しいの？」と思うかもしれませんが、マジで激ウマです！

材料 2〜3人分

もやし…200g
A ┌ 小麦粉…大さじ2
  └ 鶏ガラスープの素…小さじ1
油…適量

B ┌ 小麦粉…大さじ2
  │ 片栗粉…大さじ1
  └ 水…50cc

1

もやしをボウルに入れ、Aを加えて混ぜ合わせる。

2

Bを別の容器に入れて混ぜ、1に加えて混ぜ合わせる。

3

フライパンに油を深さ5mmほど入れて170℃に熱し、弱中火にする。2を適量ずつ薄く広げ4〜5分揚げ焼きする。

POINT　もやしが離れてしまうため、カリッとするまで触らない。

4

片面が焼けたら裏返し、反対側の面もカリッとするまで4〜5分揚げ焼きする。

POINT　好みで塩少々（分量外）をふる。

おかず＆おつまみに！
手羽先の甘辛揚げ

Aはすき焼きのタレ大さじ5にかえてもOK！
Bのブラックペッパーはたっぷりふるのがオススメです♪

材料 2〜3人分

手羽先…8本
塩…小さじ1/4
ブラックペッパー…少々
片栗粉…大さじ2
油…大さじ1

A ［砂糖・醤油・みりん・酒…各大さじ2］
B ［白いりごま…大さじ1
　　ブラックペッパー…適量　　　　］

1

手羽先の両面に塩とブラックペッパーをふり、片栗粉を全体にまぶす。

2

フライパンに油をひいて中火で熱し、皮目から4分ほど焼く。

3

片面が焼けたら裏返して蓋をし、弱火で10分ほど焼いて中まで火を通す。

4

蓋を外して強めの中火にし、両面がカリッとするまで焼く。一旦火を止め、キッチンペーパーで余分な油を拭き取る。

5

手羽先を奥に寄せ、フライパンを傾けて手前にAを入れる。中火で熱し、混ぜながら少し煮詰める。

6

手羽先に絡めて汁っぽさがほとんどなくなるまで煮絡め、Bをふって混ぜ合わせる。

CHAPTER 5

世界一
簡単なあの
人気ごはん

ハンバーグ、グラタン、角煮などなど、
好きな食べ物ランキングで必ず上位に入る
あの人気レシピも、てぬきで作っちゃいましょう!
作り方はとっても簡単になっていますが、
味はもちろん本格的です!

肉汁たっぷり!
お肉だけハンバーグ

玉ねぎも卵もパン粉もいらない!
肉肉しいハンバーグが食べたいときにお試しください。
ソースを大根おろし、大葉、ポン酢などで和風にしても
さっぱり美味しく食べられます!

材料 2人分

合いびき肉（豚ひき肉でも可）… 250g
塩・ブラックペッパー…各少々
サラダ油…小さじ1

〈ソース〉
ケチャップ…大さじ2
ウスターソース…大さじ2
みりん…大さじ1
鶏ガラスープの素…小さじ1/3
にんにくチューブ…2cm

1

ポリ袋にひき肉、塩、ブラックペッパーを入れ、
粘りが出るまでよく揉み混ぜる。

2

ポリ袋の上から2つに分けてそれぞれ成形し、
真ん中を凹ませておく。

3

フライパンにサラダ油をひいて中火で熱し、ポ
リ袋を破って肉だねを入れる。

4

2〜3分焼き、こんがりと焼き色がついたら裏
返す。

5

蓋をして弱火にし、7〜9分焼き、中まで火が通
ったら皿に盛る。

6

肉汁が残ったフライパンにソースの材料をすべ
て入れ、弱中火で混ぜながら軽く煮詰めて**5**に
かける。

フライパンでできる
チキングラタン

あつあつとろ〜りのグラタンがフライパンだけで完成！
具材を代えてアレンジもできます。
お好みでマカロニ40gを茹でて、工程6で加えても♪

材料 2〜3人分

鶏もも肉…1枚	バター…25g	塩・ブラックペッパー…各適量
玉ねぎ…1/2個	小麦粉…大さじ2	ピザ用チーズ…適量
しめじ…1/2パック（50g）	牛乳…250cc	
パン粉…大さじ2	顆粒コンソメ…小さじ1	

1

鶏肉はひと口大に切り、玉ねぎは薄切りに、しめじは石突きをとってほぐす。

2

フライパンにパン粉を入れて中火にかけ、混ぜながら2〜3分炒め、焼き色がついたら取り出す。

POINT 突然焼き色がつくので注意！

3

フライパンをキッチンペーパーでサッと拭く。油をひかずに中火で熱し、1の鶏肉を入れて皮目から2〜3分焼き、両面カリッとさせる。

4

1の玉ねぎ、しめじとバターを入れて炒める。

5

しんなりしたら弱火にし、小麦粉を入れて全体になじむように炒める。

6

牛乳、コンソメを入れたら中火にし、混ぜながらとろみがつくまで煮る。とろみがついたら、塩とブラックペッパーで味を調える。

7

ピザ用チーズをのせ、弱火にして蓋をする。

8

チーズが溶けたら、2のパン粉をふりかける。

MEMO

鶏肉をむきエビ250gに代えてエビグラタンにしてもOK。その場合、工程3〜4でフライパンを拭いたら、バター、背ワタを取ったむきエビ、玉ねぎ、しめじを炒めます。工程5からは同様の作り方です。

めっちゃジューシー！
ひとくちとんかつ

豚こまで作るひとくちサイズのとんかつ。
しっかり下味をつけるので、ソースなしで美味！

材料 2人分

豚こま切れ肉…200g
マヨネーズ…大さじ1
ウスターソース…大さじ1

パン粉…適量
サラダ油…大さじ2

1

豚こま肉にマヨネーズとウスターソースを加え、全体になじむように混ぜる。

2

くるくると端から巻き、真ん中をぎゅっと押して平らなひと口大に成形する。

3

パン粉をぎゅっと押しつけるようにして全体にまぶす。

4

フライパンにサラダ油をひいて弱中火で熱し、**3**を入れて片面がカリッとするまで2〜3分焼く。

POINT パン粉が取れてしまうため、カリッとするまで触らない。

5

パン粉が取れないように優しく裏返し、反対側の面もカリッとするまで2〜3分焼く。

MEMO

豚肉にマヨネーズとウスターソースをなじませてから作ることで、即席の衣にもなり味付けにもなって一石二鳥！

レンジで簡単!
さばの味噌煮

調味料を絡めてレンチンするだけ!
臭みがなくふっくらした
さば味噌のできあがり♪

材料 2人分

さば…2切れ	みりん…大さじ2	しょうがチューブ…5cm
砂糖…大さじ1	醤油…大さじ1/2	水…大さじ1
味噌…大さじ1½	豆板醤…小さじ1/3	

1

耐熱容器にさば以外のすべての材料を入れ、
よく混ぜる。

POINT 味噌によって甘さや辛さが異なるので
好みで調整して。

2

1にさばを加え、両面にタレを絡める。

3

ふんわりとラップをして電子レンジで5分
ほど加熱する。

POINT さばに火が通っていなかったら、様子
を見ながら追加で加熱する。

MEMO

豆板醤で旨みがUPするうえに
臭みも消してくれます。辛いの
が苦手な方やお子さまは、豆板
醤なしでも。その場合は、さば
に一度熱湯をまわしかけ、下処
理をしてから作ってください。

フライパンでできる
カニクリームコロッケ

揚げない＆成形しないから超簡単。
でも、味は紛れもなくカニクリームコロッケです！

材料 2〜3人分

パン粉…大さじ3
オリーブオイル…大さじ1/2
玉ねぎ…1/2個
バター…30g
薄力粉…大さじ4

牛乳…300cc
顆粒コンソメ…小さじ1
カニカマ(細く割く)…100g
塩・ブラックペッパー…各適量

1

フライパンにパン粉、オリーブオイルを入れて中火にかけ、混ぜながら2〜3分炒め、サクサクになったら取り出す。

2

フライパンをキッチンペーパーでサッと拭く。スライサーで玉ねぎをスライスしながら入れ、バターを加えて中火で熱し、しんなりするまで炒める。

3

弱火にし、薄力粉を入れて粉っぽさがなくなり、ひとまとまりになるまで炒める。

4

牛乳を少しずつ加え、その都度よく混ぜて伸ばしていく。

5

中火にし、好みのとろみ具合になるまで混ぜながら煮る。

POINT 冷めるとかたくなるので、気持ちゆるめに。かたくなりすぎたら牛乳で伸ばして調整する。

6

コンソメとカニカマを入れて混ぜ、塩とブラックペッパーで味を調える。

7

1のパン粉をかける。

MEMO

カニカマの代わりにカニ缶を使ったり、コーン缶1缶の汁を切って入れ、コーンクリームコロッケにしてもOK！

煮込まない角煮

薄切り肉だから長時間煮込む必要なし。
ゆで卵やオニオンスライス＆ポン酢を添えても美味！

材料 2〜3人分

豚バラ肉(薄切り)…300g
塩・ブラックペッパー…各少々
片栗粉(まぶす用)…大さじ1

A
砂糖…大さじ1½
醤油…大さじ2
みりん…大さじ1

にんにくチューブ…2cm
しょうがチューブ…4cm

1

豚肉はくるくる巻いて形を整える。

2

全体に塩とブラックペッパーをふり、片栗粉をまぶす。

3

フライパンを中火で熱し、**2**の巻き終わりを下にして入れて2分ほど焼く。片面に焼き色がついたら裏返し、2分ほど焼く。

POINT 肉から油がでるので、油なしでOK。

4

反対側の面も焼き色がついたら蓋をして弱火にし、4〜5分焼いて中まで火を通す。

5

一旦火を止め、キッチンペーパーで余分な油を拭き取る。

6

肉を奥に寄せ、フライパンを傾けて手前に**A**を入れる。中火で熱し、混ぜながら肉全体に煮絡める。

炊飯器でできる
ビーフシチュー

炊飯器にお任せの簡単すぎるビーフシチュー。
ほろほろのお肉がたまりません！

材料 4人分

牛肉(シチュー用)…400g
塩・ブラックペッパー…各少々
玉ねぎ…2個
しめじ…2パック(200g)

A [デミグラスソース缶(1缶290gの
「ハインツ デミグラスソース」を使用)
…1缶
バター…10g

赤ワイン…300cc
顆粒コンソメ…小さじ2
にんにくチューブ…10cm]

1

牛肉は塩とブラックペッパーをふり、玉ねぎはくし形切りに、しめじは石づきを取ってほぐす。

2

炊飯器の内釜に**1**の牛肉を入れ、その上に玉ねぎ、しめじをのせ、**A**を加える。

3

通常通り炊飯をしたら全体を混ぜ、再度、通常通り炊飯をする。

4

牛肉がほろほろになったらバターを入れて混ぜる。

POINT 炊飯回数は1.5〜2回が目安。炊飯器によって変わるため、好みに合わせて調整を。

混ぜてチンするだけ！キーマカレー

レンジで作れるのに、味は本格的。
最後に加えるバターと粉チーズがポイントです！

材料 2人分

豚ひき肉…150g
玉ねぎ(みじん切り)…1/2個
トマト缶(カット)…1/2缶(200g)
顆粒コンソメ…小さじ2/3
ケチャップ…小さじ1

ウスターソース…小さじ1
にんにくチューブ…3cm
しょうがチューブ…3cm
カレールー…2片

A ┌ バター…10g
  │ 粉チーズ…大さじ2
  └ ブラックペッパー…少々

1

耐熱ボウルにカレールーとA以外のすべての材料を入れ、練らずにさっくりと混ぜる。

2

カレールーをのせ、ふんわりとラップをして電子レンジで10分ほど加熱する。

3

Aを入れてよく混ぜ、全体をなじませる。

MEMO

電子レンジで作った温泉卵をトッピングするのもオススメ！
作り方はP.91の工程3〜4を参照してください。

CHAPTER 6

ポリ袋で
和えるだけ

てぬキッチンで何度も登場する
優秀アイテム「ポリ袋」！
さらにここでは、包丁もまな板も使いません。
材料を入れて袋の中で混ぜるだけで、
美味しい一品のできあがり！

めちゃウマ！
チーズ塩昆布
キャベツ

チーズ＆塩昆布のWの旨みで
キャベツがモリモリ食べられます！

材料 1〜2人分

キャベツ…2〜3枚(200g)　　白いりごま…大さじ1
ベビーチーズ…2個　　　　　ごま油…大さじ2
塩昆布…大さじ3〜4(16g〜17g)

1

ポリ袋にキャベツを食べやすい大きさにちぎって
入れ、ベビーチーズも小さくちぎって入れる。

2

残りの材料をすべて加え、よくふり混ぜる。

POINT　塩昆布の量は味を見ながら、調整を。

MEMO

できあがってすぐ食べればパリッと美味
しく、少し置いておくとしんなりとなじ
んでまた違った美味しさを楽しめます！

無限チーズ
コールスロー

こちらも山盛りキャベツがペロリと
食べられるレシピ。
大量消費したいときにもどうぞ！

材料　1〜2人分

キャベツ…2〜3枚（200g）
ハム…4枚
砂糖…大さじ1/2
酢…大さじ2/3

マヨネーズ…大さじ2
粉チーズ…大さじ1
ブラックペッパー…少々

1

ポリ袋にキャベツをスライサーで千切りに
して入れ、塩小さじ1/3（分量外）を全体
にふって揉み込み10分ほど置く。

2

出てきた水分をしっかりと絞る。

3

ハムをキッチンバサミで5mm幅に切って
加える。

4

残りの材料をすべて加え、よくふり混ぜる。

シャキシャキ！やみつき白菜

ちぎって和えるだけで、白菜が無限に食べられます！
冷蔵庫に白菜がある方は、今すぐお試しを！

材料 1〜2人分

白菜…2〜3枚(200g)
焼きのり(全形)…1枚
塩昆布…大さじ1〜2(6〜7gほど)

ごま油…大さじ1
鶏ガラスープの素…小さじ1/2
ブラックペッパー…適量

1

ポリ袋に白菜を食べやすい大きさにちぎって入れ、のりも小さくちぎって入れる。

2

残りの材料をすべて加え、よくふり混ぜる。

POINT　塩昆布の量は味を見ながら調整を。

MEMO

すぐに食べても、10〜20分なじませてから食べてもOK。長く置いておくと水分が出てきてしまうのではやめに食べきってください。

3分でできる!
焼肉のタレレタス

あと一品というときの救世主!
超時短でできて間違いない美味しさです。

材料 1〜2人分

レタス…小1個(200g)
白いりごま…大さじ2/3
焼肉のタレ…大さじ2

ごま油…大さじ1½
鶏ガラスープの素…小さじ1/3

1

ポリ袋にレタスを食べやすい大きさにちぎって入れる。

2

残りの材料をすべて加え、よくふり混ぜる。

ピリ辛鶏ガラ漬け大根

スライス大根のポリポリ食感が楽しい一品。
長時間漬け込まずにすぐできるのもうれしいポイント！

材料 1〜2人分

大根…1/4本(200g)
塩…小さじ1/3

砂糖・鶏ガラスープの素・白いりごま・
　酢・ごま油 …各小さじ2/3
豆板醤…小さじ1/2

1 ポリ袋に大根をスライサーで薄切りにして入れ、塩を全体にふって揉み込み10分ほど置く。

2 出てきた水分をしっかりと絞る。

3 残りの材料をすべて加え、よく揉み混ぜる。
POINT 豆板醤は好みの辛さに合わせて調整する。

MEMO

工程**1**で大根に塩をふり、10分ほど置いて水分を抜くことで、ちょうどいい塩加減になります！

ヘルシー！おつまみ豆腐

和えるだけで豆腐が大変身！
コスパ抜群で、さっと出せて、おつまみにもぴったりです♪

材料 1〜2人分

木綿豆腐…300g
かいわれ大根…1/2パック
小ねぎ…1〜2本
鶏ガラスープの素…小さじ1

白いりごま…小さじ1
ごま油…大さじ1
塩・ブラックペッパー…各適量
ラー油…適量

ポリ袋に豆腐を食べやすい大きさにちぎって入れる。
POINT 豆腐はパックから出して水気を捨てる。水切りは不要。

かいわれ大根をキッチンバサミで半分に切って入れ、小ねぎもキッチンバサミで小口切りにして加える。

残りの材料をすべて加え、優しく混ぜる。
POINT 水分が出るので調味料は食べる直前に和える。

MEMO

豆腐の水分量によって
多少味が変わります。
味見をして塩で調整し
てください。

77

やみつきタレ&ドレッシング

いつもの調味料を混ぜ合わせるだけで、やみつきの美味しさ!

シーザードレッシング

ただ混ぜ合わせるだけでリッチな味わい。
レタスや生の白菜に合わせると美味!

材料 作りやすい分量

マヨネーズ…大さじ3　レモン汁…小さじ1
粉チーズ…大さじ1　にんにくチューブ…1cm
牛乳…大さじ1　ブラックペッパー…少々
砂糖…小さじ1/2

作り方　すべての材料をよく混ぜ合わせる。

自家製! 焼肉のタレ

「タレが家になかった!」というときも自宅で簡単に作れます♪
使う直前によく混ぜてください。

材料 作りやすい分量

砂糖…大さじ1〜2　白いりごま…小さじ1/2
醤油…大さじ2　ごま油…小さじ1/4
みりん…大さじ1/2　一味唐辛子…適量

作り方　すべての材料をよく混ぜ合わせる。

玉ねぎドレッシング

野菜はもちろん、肉や魚にも!
かける直前にもよく混ぜてください。

材料 作りやすい分量

玉ねぎ(すりおろす)　サラダ油…大さじ2/3
…大さじ1(15〜17g)　砂糖…小さじ2
醤油…大さじ1　酢…小さじ2

作り方　すべての材料をよく混ぜ合わせる。

CHAPTER 7

レンチン
パスタ

パスタの面倒な工程はすべて省き
電子レンジだけで作れる
レシピにしました。
鍋で大量のお湯を沸かしたり、
ソースをわざわざ別に作る必要なし！
1人分のランチにもぴったりです♪

＼ 使用しているのは ／
コレ！

5分茹でタイプの中でも、「マ・マー」の
ものが本書のレンジ調理に適しています。
ぜひお店で探してみてください♪

マ・マー　チャック付結束スパゲティ
1.4mm ／日清フーズ

ツナの
トマトクリームパスタ

トマト缶＆生クリーム不要！
家にある調味料でできて、しかも包丁＆まな板いらずなので、
思い立ったらすぐ作れます♪

材料 1人分

スパゲティ(5分ゆ゛タイノ)
「マ・マー 1.4mm」を使用)…100g
ツナ缶…1缶
牛乳…100cc

A
```
ケチャップ…人さじ2
顆粒コンソメ…小さじ1
にんにくチューブ…5cm
水…160cc
```

B
```
粉チーズ…大さじ1
ブラックペッパー…少々
バター…10g
```

1

耐熱ボウルにパスタを半分に折って、交差させ
るように入れる。

2

ツナ缶を油ごと入れ、**A** を加える。

3

ふんわりとラップをして電子レンジで4分加熱
する。

4

電子レンジから取り出し、牛乳を入れてパスタ
をしっかりとほぐしながら手早く混ぜる。

5

再度ふんわりとラップをして電子レンジで4分
ほど加熱する。
POINT パスタが好みのかたさになるよう加熱時間
を調整する。

6

B を入れてよく混ぜ合わせる。
POINT 好みで追い粉チーズをする。

バターコンソメ醤油パスタ

バターと醤油の組み合わせが間違いない美味しさ!
ボウルにすべて入れてチンするだけで完成です。

材料 1人分

スパゲティ(5分茹でタイプ／「マ・マー 1.4mm」を使用)…100g	A [コンソメ顆粒…小さじ1	にんにくチューブ…3cm]
キャベツ…1枚(100g)	醤油…小さじ1	バター…8g
ハーフベーコン…2枚	みりん…小さじ1	水…230cc
	塩・ブラックペッパー…各適量	

1

耐熱ボウルにパスタを半分に折って、交差させるように入れる。

2

耐熱ボウルにパスタを半分に折って、交差させるように入れる。

火が通りやすいように小さめにちぎったキャベツを1に入れ、キッチンバサミで1cm幅に切ったベーコンをのせる。

3

Aを加え、ふんわりとラップをして電子レンジで8分ほど加熱する。

POINT パスタが好みのかたさになるよう加熱時間を調整する。

4

パスタをほぐしながら混ぜ、塩、ブラックペッパーで味を調える。

POINT ブラックペッパーは多めがオススメ。好みで粉チーズをかける。

生クリーム不要!
たらこパスタ

クリーミーさがたまらないたらこパスタが、
驚くほどお手軽にできちゃいます!

材料 1人分

スパゲティ(5分茹でタイプ/
「マ・マー 1.4mm」を使用)…100g
水…220cc

A
```
たらこ…30〜40g
牛乳…大さじ4
めんつゆ(4倍濃縮)
…大さじ1/2
```
```
マヨネーズ…大さじ1/2
粉チーズ…大さじ1/2
バター…10g
```

刻みのり・小ねぎ(小口切り)…各適量

1

耐熱ボウルにパスタを半分に折って、交差
させるように入れる。

2

水を入れ、ふんわりとラップをして電子レ
ンジで7分30秒ほど加熱する。

POINT ラップは1/3程度隙間を空けてかける。
好みのかたさになるよう加熱時間は調整を。

3

Aを加え、パスタをほぐしながら混ぜる。
刻みのりと小ねぎをトッピングする。

MEMO

———

牛乳を生クリームに代えて
作ると濃厚さがアップ!

全卵で作る
レンジカルボナーラ

全卵でOK＆生クリーム不要だから、ラクチン！
粉チーズたっぷりめが美味しいので、
お好みで追加してください。

材料 1人分

スパゲティ（5分茹でタイプ／「マ・マー 1.4mm」を使用）…100g	にんにくチューブ…5cm	A ［ 粉チーズ…大さじ3
ハーフベーコン…2枚	顆粒コンソメ…小さじ1	卵…1個
	水…230cc	バター…10g ］
		ブラックペッパー…適量

1

耐熱ボウルにパスタを半分に折って、交差させるように入れる。

2

キッチンバサミで1cm幅に切ったベーコンを入れ、にんにくチューブ、コンソメ、水を加える。

3

ふんわりとラップをして、電子レンジで8分ほど加熱する。

POINT パスタが好みのかたさになるよう加熱時間を調整する。

4

熱いうちに A を入れ、パスタをほぐしながら手早く混ぜる。ブラックペッパーをふる。

POINT よく混ぜてもトロっとしない場合、電子レンジで10秒加熱して混ぜるのを繰り返す。

MEMO

より濃厚にしたい場合は全卵1個を卵黄2個に代えて作ってください。余った卵白の活用法はP.128をチェック！

なつかしい味の
ナポリタン

具材はソーセージやキノコなどにアレンジOK！
仕上げにブラックペッパーと
追い粉チーズトッピングがオススメです。

材料 1人分

玉ねぎ…1/4個
ピーマン…1個
ハーフベーコン…3枚
スパゲティ（5分茹でタイプ／
　「マ・マー 1.4mm」を使用）…100g

A
```
顆粒コンソメ…小さじ1
にんにく チューブ…2cm
水…220cc
```

B
```
ケチャップ…大さじ2½
ウスターソース…大さじ1/2
粉チーズ…大さじ1
バター…5g
```

1

玉ねぎは薄切りに、ピーマンは細切りに、
ベーコンは食べやすい大きさに切る。

2

耐熱ボウルにパスタを半分に折って、交差
させるように入れる。その上に1を広げる。

3

Aを入れ、ふんわりとラップをして電子レン
ジで8分ほど加熱する。

POINT パスタが好みのかたさになるよう加熱
時間を調整する。

4

Bを加え、パスタをほぐしながら手早く混
ぜる。

POINT レンジ加熱後に、もし水気が多く残っ
ていたら軽く切ってからBを加える。

トマト缶不要!
超お手軽ミートソース

冷蔵庫にある調味料だけで作るのに、コク旨の本格味!
お好みで粉チーズをトッピングしてお召し上がりください。

材料 1人分

スパゲティ(5分茹でタイプ/
「マ・マー 1.4mm」を使用)…100g
玉ねぎ…1/4個
合いびき肉(豚ひき肉でも可)
　…60g

A
┌ ケチャップ…大さじ3
│ ウスターソース…大さじ1
│ 顆粒コンソメ…小さじ1
│ にんにくチューブ…5cm
└ 水…220cc

B
┌ 粉チーズ…大さじ1
│ ブラックペッパー…少々
└ バター…10g

1

耐熱ボウルにパスタを半分に折って、交差させるように入れる。

2

みじん切りにした玉ねぎとひき肉を1の上に広げながら散らす。

3

Aを入れ、ふんわりとラップをして電子レンジで4分加熱する。

4

電子レンジから取り出し、パスタをしっかりとほぐしながら混ぜる。

5

再度ふんわりとラップをして電子レンジで4分ほど加熱する。

POINT　パスタが好みのかたさになるよう加熱時間を調整する。

6

Bを入れてよく混ぜ合わせる。

ツナと大葉の めんつゆわさび バターパスタ

隠し味のわさびがクセになる和風パスタ！
わさびは少しずつ入れて好みの味に
なるように調整してください。

材料 1人分

スパゲティ (5分茹でタイプ／
「マ・マー 1.4mm」を使用)…100g
水…230cc

大葉…6枚
ツナ缶… 1/2缶
めんつゆ (4倍濃縮)…大さじ1

塩昆布…2〜3つまみ (7gほど)
わさび…小さじ1/2ほど
バター…10g

1

耐熱ボウルにパスタを半分に折って、交差させるように入れる。

2

水を入れ、ふんわりとラップをして電子レンジで7分30秒ほど加熱する。

POINT ラップは1/3程度隙間を空けてかける。好みのかたさになるよう加熱時間は調整を。

3

パスタを加熱している間に大葉を千切りにする。

4

トッピング用の大葉少々を取り分け、残りの材料をすべて加え、よく混ぜ合わせる。大葉をトッピングする。

POINT ツナ缶は油ごと加える。味が足りなければ塩で調整する。

CHAPTER 8

レンチン
うどん

コシがあって美味しい冷凍うどんですが、
どうしてもワンパターンになりがち。
ここでは、すき焼き風や釜玉、和風カルボナーラなど
いろいろなレシピを集めました！
ぜひ日替わりで楽しんでください♪

コスパ最高!
激ウマ油うどん

シンプルなのにびっくりするほど美味しい♪
レンジで作れる温泉卵を絡めて召し上がれ!

材料 1人分

冷凍うどん…1玉

A
醤油…大さじ1/2
オイスターソース…大さじ1/2
酢…大さじ1/4〜1/2
ごま油…大さじ1
鶏ガラスープの素…小さじ1/2

卵…1個
小ねぎ（小口切り）…適量
ラー油…適宜

冷凍うどんは袋のまま電子レンジで袋の表示時間通りに加熱して解凍する。

1を器に入れ、Aを加えてよく混ぜる。

POINT　酢の量は好みで調整を。

卵は小さい耐熱容器に割り入れてつまようじで黄身に2か所ほど穴を開け、水（分量外）を卵がかぶるくらいまでそっと注ぎ入れる。

電子レンジで40〜60秒加熱して水を捨てる。

POINT　40秒で一旦様子を見て、足りなければ追加で少しずつ加熱する。

2を皿に盛り、小ねぎと4をトッピングする。

POINT　ラー油は途中で加えて味変するのがオススメ。

MEMO

工程3〜4でのレンジ温泉卵は、いろいろなものに使えて便利！
卵の破裂防止のため、必ず黄身に穴を開けてください。穴を開けてもまれに破裂するため、途中で何度か扉を開けて再加熱を繰り返すと安心です。レンジの加熱時間を調整してお好みの半熟加減にして♪

ボリューム満点！
すき焼き風うどん

豚バラの旨みと甘辛タレが絡んだうどんが
絶品すぎて止まらない！

材料 1人分

冷凍うどん…1玉	砂糖…大さじ1/2	卵黄…1個
豚バラ肉(薄切り)…80g	めんつゆ(4倍濃縮)…大さじ1⅓	
しめじ…1/2パック(50g)	小ねぎ(小口切り)…適量	

1

耐熱ボウルに冷凍うどんを入れ、キッチンバサミで豚肉を食べやすい大きさに切って重ならないように広げ、しめじもほぐしてのせる。

2

砂糖を全体にふりかけ、めんつゆも全体に回しかける。

3

ふんわりとラップをし、電子レンジで7分ほど加熱する。よく混ぜ、小ねぎと卵黄をトッピングする。

MEMO

工程3でレンジ加熱後、肉に火が通っているか確認し、生の部分がある場合は追加で加熱してください。

釜玉めんつゆ バターうどん

卵、めんつゆ、バターのベストバランス。
一度食べたらハマること間違いなし!

材料 1人分

冷凍うどん…1玉

A ［ 卵黄…1個
　　めんつゆ(4倍濃縮)…大さじ1 ］

バター…8g

小ねぎ(小口切り)…適量

ラー油…適宜

1 冷凍うどんは袋のまま電子レンジで袋の表示時間通りに加熱して解凍する。

2 1を器に入れ、Aを加えてよく混ぜる。バター、小ねぎをトッピングする。

POINT ラー油は途中で加えて味変するのがオススメ。

濃厚！
和風カルボナーラうどん

少ない材料で驚くほど濃厚な味わいに仕上げました。
生クリーム不要なのもうれしいところ！

材料 1人分

冷凍うどん…1玉
ハーフベーコン…2枚
しめじ…1/2パック(50g)

A
［ めんつゆ(4倍濃縮)…大さじ2/3 ］
　 牛乳…大さじ2
　 にんにくチューブ…2cm

B
［ 粉チーズ…大さじ1 ］
　 卵黄…1個
　 バター…5g

1

耐熱ボウルに冷凍うどんを入れ、キッチンバサミでベーコンを食べやすい大きさに切ってのせ、しめじもほぐしてのせる。

2

1に A を入れ、ふんわりとラップをして電子レンジで5分加熱する。

3

B を入れてよく混ぜる。

4

ラップをせずに電子レンジで30〜50秒加熱し、トロッとするまでよく混ぜる。

POINT 30秒で一旦取り出して混ぜて様子を見て、トロッとしていなければ10秒加熱して混ぜるのを繰り返す。

MEMO
—
余った卵白の活用法は
P.128をチェック！

ガツンと旨い！
豚キムチうどん

ボリュームたっぷりで、一皿でお腹いっぱいに。
ピリ辛味が後引く美味しさです！

材料 1人分

冷凍うどん…1玉
豚バラ肉(薄切り)…80g
キムチ…50g

A ［めんつゆ(4倍濃縮)…大さじ1/2
砂糖…小さじ1
味噌…小さじ1/2］
ごま油…小さじ1

1

耐熱ボウルに冷凍うどんを入れ、キッチンバサミで豚肉を食べやすい大きさに切って重ならないように広げ、キムチをのせる。

2

Aを加え、ふんわりとラップをして電子レンジで7分ほど加熱する。

POINT レンジ加熱後、豚肉に火が通っていなかったら様子を見ながら追加で加熱する。

3

ごま油を回しかけ、調味料が均一になるよう全体をよく混ぜる。

MEMO

お好みで卵黄や白いりごま、小口切りにした小ねぎをトッピングしても美味しいです！

CHAPTER 9

炊飯器で
炊き込み
ごはん

みんな大好きな炊き込みごはん。
定番人気の鶏めしから、
ビビンバやカレーピラフの変わりダネまで
炊飯器にどーんとお任せ!
蓋を開けた瞬間の香りも楽しんでください♪

みんな大好き!
鶏めし

ごぼうの香りがたまらない♪
リピート必至の簡単炊き込みごはんです。

材料 2合分

ごぼう…1/2本（約80g）
鶏もも肉…1/2枚（約150g）
米…2合

A
みりん…大さじ3
めんつゆ（4倍濃縮）…大さじ4
ごま油…大さじ1

1

ごぼうは皮をむいてピーラーでささがきにして水にさらし、鶏肉は1〜2cm角に切る。

POINT 切ってすぐに調理する場合は、気にならないならごぼうは水にさらさなくてもOK。

2

炊飯器の内釜に洗った米とAを入れ、水（分量外）を2合の目盛りまで入れて混ぜる。

POINT 米の状態や炊飯器によって差があるので、水の量は好みで調節する。

3

鶏肉を全体に広げ、その上にごぼうをのせる。通常の炊飯をして、よく混ぜる。

MEMO

すぐに食べない場合は、熱い状態で小分けにしてラップに包み、粗熱が取れたら冷凍保存可能。食べるときはレンジ加熱で解凍してください♪

バター醤油 とうもろこしごはん

とうもろこしにバター醤油なんて、美味しいに決まってる！
お好みで追いバターや追い醤油をしてお召し上がりください。

材料 2合分

とうもろこし…1本	バター…15g
米…2合	塩…適量
醤油…大さじ2	

1

とうもろこしを半分に切り、実を切り落とす。

2

炊飯器の内釜に洗った米と醤油を入れ、水（分量外）を2合の目盛りまで入れて混ぜる。

POINT 米の状態や炊飯器によって差があるので、水の量は好みで調節する。

3

1のとうもろこしの実を入れ、芯をのせて通常の炊飯をする。

4

炊き上がったら芯を取り除き、バターを入れて混ぜ、塩で味を調える。

とろける〜!
豚バラ大根
炊き込みごはん

旨みをしっかり吸って、トロッとした大根が美味しすぎ
ひとくちで幸せになれるごはんです。

材料 2合分

大根…1/4本(200g)
豚バラ肉(薄切り)…100g
米…2合

A
醤油…大さじ1
みりん…大さじ2
オイスターソース…大さじ2

砂糖…小さじ1
鶏ガラスープの素…小さじ1
ごま油…小さじ1

1

大根を1cm角に切り、豚肉を食べやすい大
きさに切る。

2

炊飯器の内釜に洗った米とAを入れ、水(分
量外)を2合の目盛りまで入れて混ぜる。

POINT 米の状態や炊飯器によって差があるの
で、水の量は好みで調節する。

3

1の大根をのせ、その上に豚肉を全体に広
げる。

4

通常の炊飯をして、よく混ぜる。

POINT 味が足りなければ塩で調整する。

ふわとろ卵の
オムライス

炊飯器だからケチャップライスも失敗なし。
炊いておけば、あとはふわとろ卵をのせるだけで完成です！

材料 2合分

玉ねぎ…1/4個 ソーセージ…4本 米…2合	**A** ⎡ ケチャップ…大さじ5 　　 ウスターソース…大さじ1 　　 顆粒コンソメ …小さじ2 　　 ⎣ にんにくチューブ…5cm ミックスベジタブル…50g バター…15g
〈ふわとろ卵　1〜2人分〉 **B** ⎡ 卵…3個 　　 水…50cc 　　 ⎣ 塩…少々 バター…10g	

1 玉ねぎはみじん切りにし、ソーセージは輪切りにする。

2 炊飯器の内釜に洗った米と **A** を入れ、水（分量外）を2合の目盛りまで入れて混ぜる。

POINT 米の状態や炊飯器によって差があるので、水の量は好みで調節する。

3 **1**とミックスベジタブルをのせ、通常の炊飯をする。

4 炊き上がったらバターを入れてよく混ぜ合わせる。

5 ふわとろ卵を作る。ボウルに **B** を入れ、混ぜる。

6 フライパンにバターを入れて中火で熱し、しっかり温まったら**5**を入れて菜箸で大きく混ぜながら焼く。

7 **4**のケチャップライスを皿に盛り、**6**が半熟状になったらすべらせるようにのせ、ケチャップ適量（分量外）をかける。

MEMO

工程**5**でふわとろ卵を作る前に、お皿にケチャップライスを盛っておくとスムーズに作れます♪

バター風味の カレーピラフ

カレールーを使って作るから簡単！
家族みんなが喜ぶこと間違いなし！

材料 2合分

玉ねぎ…1/4個	顆粒コンソメ…小さじ2	バター…10g
ソーセージ…4本	ミックスベジタブル…50g	
米…2合	カレールー…2片	

1

玉ねぎをみじん切りにし、ソーセージは輪切りにする。

2

炊飯器の内釜に洗った米とコンソメを入れ、水(分量外)を2合の目盛りまで入れて混ぜる。

POINT 米の状態や炊飯器によって差があるので、水の量は好みで調節する。

3

1、ミックスベジタブル、カレールーをのせ、通常の炊飯をする。

4

炊き上がったら、バターを入れてよく混ぜる。

POINT カレールーが全体になじむようにしっかり混ぜる。

おこげも美味しい!
炊き込みビビンバ

焼肉のタレがいい仕事をしてくれて、味がビシッと決まります!
炊飯器なら、おこげも簡単♪

材料 2合分

米…2合

A [鶏ガラスープの素…大さじ1/2
焼肉のタレ…大さじ3]

豚ひき肉…100g
もやし…100g
キムチ…80〜100g

ごま油…大さじ1
塩・ブラックペッパー…各適量

1

炊飯器の内釜に洗った米とAを入れ、水(分量外)を2合の目盛りよりやや少なめに入れて混ぜる。

POINT もやしから水分が出るため、水をやや少なめにするとちょうどよいかたさになる。

2

ひき肉を全体に広げ、もやしをのせ、通常の炊飯をする。

3

炊き上がったらキムチとごま油を入れて混ぜ合わせ、塩とブラックペッパーで味を調える。

MEMO

お好みで卵黄やコチュジャンをトッピングしたり、追いキムチをしても美味しいです!

てぬきサンドイッチ&ピザ

たまごサンド

卵を茹でる必要なし！ 工程2で
まれに卵が破裂するため、途中で何度か
扉を開けて再加熱すると安心。

材料 1〜2人分

卵…3個
食パン(8枚切り)…2枚
バター…5g
からし(マスタードでも可)…適宜

A
マヨネーズ…大さじ3
砂糖…小さじ1/4
牛乳…小さじ1
塩・ブラックペッパー…各適量

1

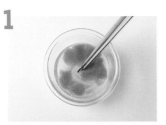

耐熱ボウルに卵を割り入れ、軽く
溶きほぐす。

POINT 加熱後に白身と黄身が分か
れるよう完全には混ぜない。

2

ふんわりとラップをして、電子レ
ンジで2分〜2分30秒加熱する。

POINT 熱しすぎるとパサつくので、
2分で様子を見て足りなければ10秒
ずつ追加加熱を。

3

卵をフォークで細かくし、ラップ
をして冷めるまで置く。

4

Aを入れて混ぜ合わせる。

POINT マヨネーズの量は好みで調
整する。

5

食パンの片面にバターと好みでか
らしを塗る。

6

食パンで**4**の卵を挟む。

POINT ラップで包んで切ると、具
材が飛び出さずにきれいに切れる。

朝ごはんにもランチにもぴったりのパンレシピ。
超簡単なので、おなかがすいてから作っても間に合うかも！

肉まんサンド

見た目はサンドイッチですが、
味はちゃんと肉まん風！

材料　1〜2人分

A	豚ひき肉…50g	オイスターソース…小さじ1
	玉ねぎ(みじん切り)…1/8個	ごま油…小さじ1/2
	砂糖…小さじ1	鶏ガラスープの素…少々
	醤油…小さじ1	
食パン(6枚切り)…2枚		

1
ポリ袋にAを入れてよく揉み混ぜる。

2
ラップの上に食パンを1枚置き、1の肉だねを広げ、もう1枚の食パンで挟む。

3
食パンの上面全体に小さじ2ほどの水（分量外）をふる。

POINT　水をふることで蒸した状態に近くなる。多いとベタつき、少ないとパサつくので適量を見つけて。

4
3で水をふった面を上にしてラップで包み、電子レンジで2分30秒ほど加熱する。

POINT　肉に火が通ってなかったら様子を見ながら追加で加熱する。

107

最速ピザ

ホットケーキミックスで作れば簡単！
ご使用のトースターに合わせて
焼き加減は調整してください。

材料 1〜2人分

A
┌ ホットケーキミックス…150g
├ プレーンヨーグルト…75g
├ 塩…少々
└ オリーブオイル…大さじ1/2

ピザソース…大さじ2
ソーセージ…2本
ピザ用チーズ…40g

1

ポリ袋に **A** を入れて揉み混ぜる。

2

フライパン用ホイルの上に **1** の生
地をのせ、丸く平らに広げる。
POINT **1** で使用したポリ袋ごしに成
形するとやりやすい。

3

全体にピザソースを塗り、食べや
すい大きさに切ったソーセージと
ピザ用チーズをかけ、トースター
で10分ほど焼く。

MEMO

具材はベーコンやコーン
も合いますし、はちみつ
＆チーズで甘じょっぱい
味も美味しいです！

CHAPTER 10

レンジで
ほぼ3分の
夜食

夜中にお腹が空いたときや
遅く帰ってきたときにぴったりの夜食。
電子レンジですぐできて
洗い物も少なく、糖質も控えめ！
だけどとっても美味しいレシピをご紹介します。

ほっと温まる！
チーズたまご湯豆腐

ヘルシーだけど、満足度大！
ダイエット中や寒い日にもオススメのレシピです。

材料 1人分

絹豆腐…150g
卵…1個
塩昆布…大さじ1弱（3〜4g）

めんつゆ（4倍濃縮）…小さじ1
ピザ用チーズ…ひとつかみ（20g）

1

耐熱容器に豆腐をスプーンで適当な大きさ
に割って入れる。

2

卵を真ん中に割り入れ、つまようじで黄身
に2か所ほど穴を開ける。

3

塩昆布をふり、めんつゆを回しかける。

POINT 豆腐の水分量によって味が変わるので、
塩昆布とめんつゆの量は好みで調整して。

4

ピザ用チーズをのせ、ふんわりとラップを
して電子レンジで3分ほど加熱する。

POINT まれに卵が破裂するため、途中で何度
か扉を開けて再加熱を繰り返すと安心。卵が
好みのかたさになるよう加熱時間は調整する。

チーズとろ〜り イタリアン豆腐

夜中に無性にイタリアンが食べたくなったらこれ！
豆腐×イタリアンが意外な美味しさでハマります！

材料 1人分

絹豆腐…150g
卵…1個
ケチャップ…大さじ1

ウスターソース…小さじ1
ピザ用チーズ…ひとつかみ(20g)
ブラックペッパー…少々

1

耐熱容器に豆腐をスプーンで適当な大きさ
に割って入れる。

2

卵を真ん中に割り入れ、つまようじで黄身
に2か所ほど穴を開ける。

3

ケチャップとウスターソースを全体にかけ、
ピザ用チーズをトッピングする。

4

ふんわりとラップをして電子レンジで3分
ほど加熱し、ブラックペッパーをふる。

POINT　まれに卵が破裂するため、途中で何度
か扉を開けて再加熱を繰り返すと安心。卵が
好みのかたさになるよう加熱時間は調整する。

レンジで1分!
無限甘辛油揚げ

濃いめの味つけでごはんのお供に最適!
刻みねぎ少々を混ぜるとさらに美味しく食べられます。

材料 作りやすい分量

油揚げ…3枚(50gほど)

A
[砂糖…大さじ1/4
みりん…大さじ1/2
めんつゆ(4倍濃縮)…大さじ1]

B
[鰹節…1/2袋
白いりごま…大さじ1/2]

ごはん…適量

1 油揚げを短冊切りにする。

POINT 気になる場合はP.7の IDEA9 を参考に
油揚げの油抜きをする。

2 耐熱容器に 1、A を入れてさっと混ぜる。

3 ラップをせずに電子レンジで1分ほど加熱
する。

4 B を入れて混ぜ合わせ、ごはんにのせる。

焼肉屋さんの
ミニキムチクッパ

お店で食べるような甘辛のクッパが家で簡単に作れちゃう！
お酒の締めにもぴったりです。

材料 1人分

ごはん…80g	焼肉のタレ…大さじ1	水…100cc
豚ひき肉…30g	鶏ガラスープの素…小さじ1/2	卵…1個
キムチ…20g	ごま油…小さじ1/2	小ねぎ(小口切り)…少々

1

耐熱容器に卵と小ねぎ以外のすべての材料
を入れる。

2

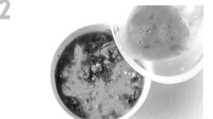

ラップをせずに電子レンジで3分ほど加熱
し、溶いた卵を回しかける。

3

電子レンジで20〜30秒加熱し、ふんわり
と混ぜ、小ねぎをふる。
POINT 卵が好みのかたさになるよう加熱時間
は調整する。

MEMO

焼肉のタレがおうちになか
ったら、P.78のCOLUMNを
参考に作ってみてください。

113

とろ旨!
カルボナーラリゾット

生クリームなしでも圧倒的な美味しさ!
ごはんしかない…なんてときにもすぐ作れます。

材料 1人分

ハーフベーコン…1枚	┌ ごはん…80g
卵黄…1個	顆粒コンソメ…小さじ1/4
ブラックペッパー…少々　**A**	バター…3g
	牛乳…50cc
	└ ピザ用チーズ…大さじ2(16g)

1

耐熱容器にベーコンをキッチンバサミで食べやすい大きさに切って入れる。

2

A を加え、ラップをせずに電子レンジで1分加熱する。

3

卵黄を入れてよく混ぜ、電子レンジで20秒加熱する。

4

再度よく混ぜて、ブラックペッパーをふる。

POINT よく混ぜてもトロッとしない場合、電子レンジで10秒加熱して混ぜるのを繰り返す。

ふんわり卵の
カレーコンソメスープ

ほっこりお腹の中から温まるスープも
包丁、まな板、鍋いらずですぐにできます。

材料 1人分

顆粒コンソメ…小さじ1
カレー粉…小さじ1/4〜1/2
水…160cc

ハーフベーコン…1枚
卵…1個
ブラックペッパー…適宜

1

耐熱容器にコンソメ、カレー粉、
水を入れる。

POINT　カレー粉の量は好みで調整
する。

2

ベーコンをキッチンバサミで1cm
幅に切って加える。

3

ラップをせずに電子レンジで3分
加熱し、溶いた卵を入れる。

4

ラップをせずに再度電子レンジで
20〜30秒加熱し、好みでブラック
ペッパーをふる。

POINT　卵が好みのかたさになるよ
う加熱時間は調整する。

MEMO

全卵ではなく、他のレシピで余った卵白で作って
もOK！　卵白1個の場合は、コンソメを少し減ら
し、工程 4 の加熱時間は10〜20秒で調整します。

春雨で
ミニ醤油ラーメン

夜中にラーメンが食べたい…そんなときは春雨で！
冷蔵庫にあるものをお好みでトッピングすれば
満足度もアップします。

材料 1人分

A	醤油…小さじ1½	ごま油…小さじ1/2	緑豆春雨…15g
	オイスターソース…小さじ1	にんにくチューブ…1cm	好みのトッピング…適宜
	鶏ガラスープの素…小さじ1/4	水…200cc	

1

耐熱容器にAを入れてさっと混ぜる。

2

春雨をキッチンバサミで切って入れ、調味
料に浸す。ラップをせずに電子レンジで袋
の表示時間プラス1分ほど加熱する。

POINT　丸く成形された春雨なら切らなくてOK。

3

好みのトッピングをする。

MEMO

ハムやのり、なると、小ねぎ、
ゆで卵などお好みでトッピン
グを楽しんでください♪

CHAPTER 11

材料
3つだけの
おつまみ

家飲みをさらに楽しくするには
美味しいおつまみが必要不可欠!
材料は3つだけで、
ささっと作ってすぐに出せる
お酒が進んじゃう絶品おつまみです♪

材料2つ!
サクサク餅チーズ

サクサク＆もちもちの食感が楽しいおつまみです。
お正月にお餅が余ったときはこれに決まり!

材料 1〜2人分

切り餅…1個　　ピザ用チーズ…100g

1

切り餅を5mm〜1cm角くらいに切る。

2

フライパンを中火で熱し、チーズを50gずつ丸く広げ、それぞれに**1**を1/2量ずつ散らす。

POINT　チーズが溶けてきたらヘラなどでまわりを整えると形がきれいになる。

3

6〜7分焼いて片面がカリッとしたら裏返し、反対側の面もカリッとするまで3〜4分焼く。

MEMO

工程**2**で、お好みでブラックペッパーをふっても美味しいです♪

悪魔のカリカリ
ピザトースト

フライパンでチーズから焼くのがカリカリ食感の秘訣。
止まらない、危険な美味しさです!

材料 1枚分

ピザ用チーズ…50g　　ピザソース…大さじ1　　食パン(8枚切り)…1枚

1

フライパンにピザ用チーズを食パンの大き
さより一回り大きく広げ、中火で3〜4分
焼く。

2

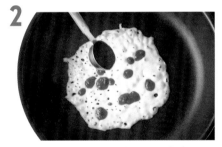

まわりがカリッとしてきたら、ピザソース
を全体に散らす。

POINT　ピザソースはケチャップ大さじ1、マ
ヨネーズ大さじ1/4、にんにくチューブ2cm、ブ
ラックペッパー少々を混ぜ合わせたもので代
用可。

3

食パンをのせ、軽く押しつけてくっつける。

4

パンがくっついてチーズがカリッとしたら
裏返し、反対側の面も1〜2分焼き色がつ
くまで焼く。

調味料2つだけ！
大根ステーキ

バターと焼肉のタレで劇的な美味しさに！
おつまみにもおかずにもなるヘルシーな一品です。

材料 1〜2人分

大根…6cm　　バター…5g　　焼肉のタレ…大さじ2

1

大根を1cm幅に切る。

2

耐熱容器に**1**を入れ、ふんわりとラップをして電子レンジで6〜7分加熱する。

POINT 場所によって熱の入り方が変わるので、途中で一度裏返す。

3

フライパンにバターを入れて中火で熱し、**2**を入れて両面にこんがりと焼き色がつくまで焼く。

4

焼肉のタレを回しかけ、トロッとするまで大根全体に絡めながら軽く煮詰める。

屋台の味!
コーンバター醤油

コーンの甘味と旨みをシンプルに楽しむならこれ!
料理のつけ合わせにもぴったりです。

材料 1〜2人分

コーン缶…1缶　　バター…8g　　醤油…適量

1

アルミホイルで容器を作り、汁気を切った
コーンを平たく広げ、バターを4か所ほど
に分けてのせる。

2

トースターで12〜15分焼く。

3

醤油を回しかける。

POINT　好みでブラックペッパーをふる。

MEMO

温かいごはんお茶碗1杯分に、
コーンバター醤油を半量ほど
のせて、にんにくチューブ2
〜3cmと追い醤油をして混ぜ
ると、即席のガーリックバタ
ーライスの完成です!

カリカリスパイシー
揚げソーセージ

多めの油で焼くだけで、カリッとムチっとジューシーに♪
買うと高いスパイシーソーセージも、めっちゃお手軽!

材料 1〜2人分

ソーセージ…5本　　油…大さじ1　　一味唐辛子…適量

1

ソーセージを斜め薄切りにする。

2

フライパンに油をひいて弱中火で熱し、**1**
を入れて両面カリカリになるまで7〜8分
揚げ焼きする。

3

皿に盛り、一味唐辛子をふる。

MEMO

ソーセージを焼くときに
油がはねることがあるの
で、その場合は火を弱め
て調整してください。

こんがりホクホク
焼きポテト

みんなが大好きなポテトもこれなら簡単！
鶏ガラをシンプルに塩に代えても美味しい！

材料 1〜2人分

じゃがいも…中2個　　ごま油…大さじ1　　鶏ガラスープの素…小さじ1ほど

1

じゃがいもはくし形切りにする。

2

耐熱容器に入れ、ふんわりとラップをして
電子レンジで4〜5分加熱する。

POINT 竹串を刺したときにスッと通るくらい
のかたさが目安。やわらかすぎると崩れやす
くなるので注意。

3

フライパンにごま油をひいて中火で熱し、
2を入れてこんがりと焼く。

4

器に入れ、鶏ガラスープの素を絡める。

POINT 味が足りなければ鶏ガラスープの素で
調整する。

サクサクチーズ おつまみ餃子

サクサクの皮ととろ〜りチーズが美味！
餃子の皮が余ったら、ぜひお試しください♪

材料 1〜2人分

ベビーチーズ（カマンベールがオススメ）…3個　　餃子の皮…9枚　　油…大さじ3

1

ベビーチーズを細長く3等分にする。

2

餃子の皮で巻き、巻き終わりの部分に水（分量外）をつけて留める。

3

フライパンに油を入れて180℃に熱し、弱中火にする。**2**を両面こんがりするまで1〜2分揚げ焼きする。

MEMO

チーズの代わりにソーセージを巻いて揚げ焼きにするのもオススメです！

油揚げのヘルシー
カリカリポテト風

油揚げがサクサクのスナックに変身！
糖質オフだからダイエット中でも罪悪感なし！

材料 1〜2人分

油揚げ…3枚　〈味つけ　油揚げ各1枚分〉

・のり塩味　　　　　・チーズ味　　　　　・コンソメ味
塩…小さじ1/4ほど　粉チーズ…小さじ1/2　顆粒コンソメ…小さじ1/4
青のり…小さじ1/3　塩…小さじ1/8ほど

1

油揚げを棒状に切り、クッキングシートに
並べる。

POINT　好みでP.7のIDEA9を参考に油抜きを。

2

電子レンジで6〜8分加熱しサクサクにする。

POINT　場所によって熱の通りが変わるため、
できたものから取り出す。

3

ポリ袋に**2**と好みの味の材料を入れ、よく
ふり混ぜる。

POINT　コンソメは手で細かくすりつぶしてか
らまぶす。油揚げに塩がつきにくいので、分量
は適宜調整する。

M E M O

レシピは油揚げ3枚で作ってい
ますが、1枚ずつ作ってももち
ろんOKです！　その場合は、工
程**2**のレンジ加熱の時間を3〜
5分にしてください。

食材別INDEX

おまけ

＼余った卵白で作れる！／
卵白タルタルソース

卵白1個分をレンジで50〜60秒加熱してフォークで細かくし、
マヨネーズ小さじ1とブラックペッパー少々を混ぜれば完成。
2個分の場合は1分10秒〜1分20秒加熱で、マヨネーズは小さじ2にする。
次の日の朝食で食パンにのせたり、野菜と一緒にサンドイッチにしても！
やる気があるときは、玉ねぎのみじん切りを少し加えてもOK！

撮 影	三好宣弘（RELATION）
調理・フードスタイリング	井上裕美子（エーツー）
フードアシスタント	青木夕子（エーツー）
デザイン	五十嵐ユミ
ライター	明道聡子（リブラ舎）
校 正	東京出版サービスセンター
編 集	森 摩耶（ワニブックス）

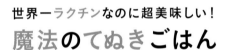

世界一ラクチンなのに超美味しい！
魔法のてぬきごはん

著 者　てぬキッチン

2020年9月29日　初版発行
2024年3月20日　13版発行

発行者　横内正昭
編集人　青柳有紀
発行所　株式会社ワニブックス
　　　　〒150-8482　東京都渋谷区恵比寿4-4-9　えびす大黒ビル
　　　　電話　03-5449-2711（代表）
　　　　　　　03-5449-2716（編集部）
ワニブックスHP　http://www.wani.co.jp/
WANI BOOKOUT　http://www.wanibookout.com/

印刷所　大日本印刷株式会社
製本所　ナショナル製本